「子ども主体」の授業づくり大全

『授業力&学級経営力』編集部 編

JN194171

選りすぐりを1冊に
授業力&学級経営力 selection

明治図書

目次

自ら学ぶ子どもが育つ授業のつくり方

「子ども主体」の学びを促す指導技術

「子ども主体」の学びを支える学習環境づくり

「子ども主体」で進める自由進度学習のデザイン

比較分析　教師が教え込む授業×子供が学び取る授業

自ら学ぶ子どもが育つ授業のつくり方

問いが連続する授業デザインで自ら学ぶ子を育てる

関西大学初等部　尾﨑　正彦

ポイント1　ズレ（問い）を引き出す

子どもが自ら動き出すのは，自分とは異なる考え方に出合ったときです。自分とは異なる考え方に出合うと，子どもは急に不安になります。結果としてその不安を乗り越えようと一気に動き出します。

ポイント2　偶然性を意識させる

問いに出合った子どもたちは，その解決方法を探っていきます。そのときに大切なことが，その解決方法の偶然性を問うことです。この問いかけが，新たな問いを子どもから引き出すことにつながります。

ポイント3　問いが連続する授業，単元をデザインする

自ら学ぶ力をもった子どもは，スパイラルに追究を繰り返していきます。この追究姿勢は１単位時間ではなく単元全体を通して繰り返されることが理想です。そのために必要なのが教師のデザイン力です。

ポイント4　子どもの声で授業を修正する

単元デザインを周到に準備しても想定外の子どもの反応に出合うことがあります。教師と子どもの追究したい内容がズレたときは，子どもの声で授業を修正していくことで，自ら学ぶ力がさらに育ちます。

1　ズレ（問い）を引き出す

子どもが自ら学びたくなるのは、どのようなときでしょうか。一方的に教師から問題を与えられ、その問題を単に解いているだけでは、自ら学びを始めたくなることはないでしょう。

自ら学ぶ姿を引き出すためには、きっかけが必要です。そのきっかけの１つが「ズレ」です。子どもは自分とは異なる考え方（ズレ）に出合うと急に不安になります。不安になった子どもたちは、「いったいどの考え方が正しいのかな？」と、出合ったズレを乗り越えようと自ら動き出すのです。

５年生「体積」の導入場面です。子どもたちに「まわりの辺の長さの合計が同じ四角形でできた立体があります。中身が大きいのはどんな形でしょう」と尋ねます。

「辺の長さが同じなら、箱の中身も同じはずだよ」

「でも、４年生の面積ではまわりの長さが同じでも、違う面積があったよ」

「それは面積でしょ。今は箱の中身だから、箱の中身は同じだよ」

辺の長さが同じ立体の体積はどれも同じなのか否かを巡って、子どもたちの考え方にズレが生まれました。友だちの考えとのズレの表出です。

ズレに出合った子どもたちは、箱の中身が同じなのか否かを確かめたくなります。「箱をつくって確かめたらいいよ」という声が上がり、厚紙を使って立体を制作して中身の大きさを調べる実験活動へと進んでいきました。ズレを感じた子どもたちは、教師の指示がなくても自ら追究を進めていったのです。

このように、子ども自らが学ぶ姿を引き出すためには、そのきっかけとなるズレと出合わせることが大切です。

2　偶然性を意識させる

一般的な算数授業では、１つの問題が解決すると、その解決方法を基にして一般化や公式化へと進める展開が多く見られます。しかし、このような展開を繰り返しても、子どもの自ら学ぶ姿を育てることはできません。それは、問いの追究が１つの問題だけで完結してしまうからです。自ら学ぶ力が育った子どもは、問いが解決するだけで満足せず、また新たな問いを発見していきます。

具体的な授業例で説明します。３年生「かけ算」の授業です。子どもたちに「21×24」「12×42」を筆算で計算するように投げかけます。この段階の子どもたちは、計算をやらされているだけで、自ら学ぶ姿はまだありません。

答えはいずれも５０４になります。この結果を見た子どもから、次の声が上がります。

「答えが同じだ」

「かけられる数とかける数の十の位と一の位の数字が反対になっている」

「反対にしたら答えが同じになるんだ」

被乗数と乗数の十の位・一の位の数字が反対になっても答えは変わらないというきまりを、子どもたちは見つけました。ところが、このきまりに対して、次の声が上がりました。

「それって、たまたまじゃないの」

前述のきまりの偶然性を指摘する声です。この声が生まれてきたことで、先ほどまで答えが同じになるきまりを発見して喜んでいた子どもたちの心が揺らぎ始めます。この揺らぎから、新たな問いが生まれます。「かけられる数とかける数の十の位と一の位の数字を反対にしたら、答えはいつでも同じになるのだろうか」という問いです。

この問いを解決しようと、子どもたちは新たな計算問題を設定し、計算を進めていきます。この段階の子どもたちは、自分たちで自由に式を何種類もつくり、計算を進めていきました。そこにあるのは、きまりの偶然性を確かめようと自ら学ぶ子どもの姿です。

このように偶然性を問いかける姿を価値づけることも、自ら学ぶ子どもを育てる大きなポイントになります。

3 問いが連続する授業、単元をデザインする

自ら学ぶ力の育った子どもの追究は、１時間単位では終わりません。授業終末段階で新たな問いが生まれ、その問いを次の時間にも連続して追究していく姿が生まれます。単元全体を通して、子どもたちの問いが連続していくのです。このような姿を引き出すために必要なのは、単元全体を子どもの問いが連続するように構成していく教師の授業デザイン力です。単元全体で問いが連続するためには、それに耐えうる質の高い教材や的確なしかけや発問が必要です。

前述の5年生「体積」を例に説明します。箱のまわりの長さが同じ立体の中身の大きさを考えました。この学習では、意図的に辺の長さを提示していません。体積の公式が使いにくい状況を設定しようと考えたからです。これが質の高い教材にあたります。

想定通り、箱の中身が同じなのか否

かを巡りズレが生まれました。そこで子どもたちは、工作用紙を使って立体を制作しました。様々な立体ができましたが、このままでは中身の比較はできません。そこで子どもたちが考えたのは、箱の中に水や砂を入れるという比較方法でした。一人ひとりが自分のオリジナル立体を持っているからこそ生まれてきた発想です。いずれの方法でも正確に中身を比較することはできません。しかし、見えない箱の中身をmLやgの単位を使って数値化する見方は価値あるものです。本教材には、中身を数値化したくなるという優れたしかけが隠されているのです。

その後、子どもたちは結果にズレが生まれないブロックを詰めることを考えます。そこで、子どもたちに箱を埋め尽くすには不十分な数のブロックを配付します。ブロックを詰めている途中で、ブロックの不足に気づきます。この困り感が、「1段目のブロック数×段数」「1段目の縦×横×段数」という式化のアイデアを引き出すことへとつながっていきます。

優れた教材やしかけ、発問を行うことで、単元を通して自ら学び続ける子どもを育てていくことができるのです。

4　子どもの声で授業を修正する

どれだけ周到に教材やしかけ、発問を準備しても、教師の想定とは異なる反応が生まれてくるのが授業です。そんなときには、子どもの声で授業を修正していく柔軟性が必要です。

6年生「比例」の単元末を例に説明します。子どもたちに「コピー用紙1枚の厚さは何㎜ですか」と尋ねます。定規で厚さを測定しようとしますが、測ることはできません。ここで私は、コピー用紙の束を配付する展開を想定していました。ところが子どもたちは、手元のコピー用紙を何回も折り始め、なんとか定規で測定できる厚さにしようとしたのです。この方法でも、比例の考え方を使えば1枚の厚さを計算で求めることは可能です。

この子どもの姿から、その後の展開を修正しました。結果として同じ折り数にもかかわらず1枚の厚さにズレが生まれました。それが、もっとコピー用紙をたくさん重ねて測定するという発想につながりました。子どもが考えた200枚で実験した結果、1枚の厚さは0・09㎜とコピー用紙の包み紙に書かれた厚さと同一になり、教室は歓喜の渦に包まれました。子どもの声で授業を修正したことが歓喜を伴う授業へとつながったのです。

自ら学ぶ子どもが育つ授業のつくり方

教材開発と場と人と

北海道公立小学校　宇野　弘恵

ポイント１　探究したくなるように課題を設定する

学習意欲を喚起させる課題も，課題解決を機能させる活動も，深い教材解釈を含む入念な教材研究が土台にあります。そのうえで，子どもが「乗れる」課題提示の仕方を選択します。

ポイント２　課題解決の見通しをもてるようにする

「こうすればできそうだ」ということの具体がわかれば，１人で学びを進めることができます。また，その具体が共有されていれば，集団での学びに矛盾なくつなげることができます。

ポイント３　課題解決がしやすい場を設定する

「自ら学ぶ」とは，「自分で学び方を決める」ということ。何をどう学ぶかだけではなく，どこで学ぶかも自己選択させることで，指導の一貫性が保たれます。

ポイント４　課題解決ができる人間関係をつくる

「自ら学ぶ子ども」が育つには，「自ら学ぶ集団」が必要です。そのためには，自他尊重，自他尊敬が前提であることを教えます。

1　探究したくなるように課題を設定する

4年生の国語・物語文に『白いぼうし』という教材文があります（教育出版、光村図書出版）。4月、最初の物語文教材です。

年度はじめの国語の授業では「言葉を根拠にすること」への意識づけが大切です。しかし、「言葉に気をつけて読みなさい」とか「書いてあることをよく読みなさい」という指導だけでは、なかなか言葉に着目することができません。そこで、下のような「間違い探しイラスト」を使います。

①動機づけとして次のように話します。

「『白いぼうし』一の場面の様子をイラストにしてみました。自分では上手にかけたと思っていたのに、教頭先生が『物語と違うところがいくつかある。宇野先生、ちゃんと教科書の文章を読まなきゃだめだよ』と言うのです」

②左のイラストを配付し、次の観点で間違い探しをすることを話します。

・どこが教材文と合っていないか。

・「絵が下手」とか「タイヤの角度がおかしい」とかではない。あくまでも、教材文に書いてあることと照ら

し合わせておかしいことを探し出す。

③まずは、個人思考。教材文を読みながら「ここは違う」というところを見つけたら丸で囲むこと、簡単に理由も書くことを指示します。

④4人グループで交流します。それぞれの考えを出し合いますが、必ず教材文と照らして述べるようにします。

⑤4人グループで交流します。最低でも15分間は確保します。

⑥全体交流。着目ポイントは以下。

・運転手さんの表情。
・2人の袖。
・ブレーキのかけ方、タイミング。
・通行者の服装。
・6月10日。
・夏みかんの位置。
・車の窓。

意見が分かれるのは、6月10日の是非。「六月のはじめ」とあることから、6月の始まりの日、つまり6月1日であることが限定できます。

もう1つは、車の窓が開いているか否かについてです。「暑いから開けている」「クーラーをかけていたら開けない」「クーラーが間に合わないくらい暑くて開けた」と出たあたりで、この作品は1968年に出されたことや時代背景を伝えます。そうすると、「クーラーがない時代だったら、窓が開いているかもしれない」「窓が開いていても匂うなんて、すごい夏みかんだ」という思考になっていきます。

ちなみに、車の窓についての直接的な表記はありません。よって、これは限定できない事項と考える子もいます。しかし、「夏みかんてのは、こんなににおうものですか」に着目することによって、直接表記がなくても根拠となり得ることを教えます。あわせて、文脈から読み取ることも扱っておくと、読みの幅が広がります。

⑦自分の考えを書いて終わります。

「間違い探し」は、子どもたちが好きな活動です。文章を読むことが苦手な子でも、「間違い探し」というフレームの中で比較的抵抗なく文を読むことができます。

すべての教材に適しているわけではありませんが、「間違い探し」はかなり汎用性の高い手法です。

ただし、作成に当たっては、深い教材解釈を含む入念な教材研究が必要であることは言うまでもありません。

2 課題解決の見通しをもてるようにする

教室には、教材文に即して考えることが難しい子もいます。挿絵だけで判断したり、生活経験を根拠にしたりして思考する子もいるでしょう。

そうした子たちでも文を根拠に思考できるように、プリントに「冬の装いの通行人」を登場させています。「夏がいきなり始まったような」「六月のはじめ」という文を根拠にすれば、この服装は間違いであることが言えます。

一人で取り組ませる前に、例としてこれを取り上げれば、「文章に即す」ということの具体がわかります。

イラストには、ぱっと見てわかるものと深読みしなくてはわからないものが混在しています。易から難へという流れで取り組むことで、課題解決の見通しをもつことができます。

3　課題解決がしやすい場を設定する

グループで交流する際、机を向かい合わせるのが定番です。しかし「話しやすさ」という視点で考えると、このスタイルに限定する必要はありません。

例えば、机を輪のようにつなげて並べます。こうすれば、どの人の顔もまんべんなくよく見えます。

机を2つだけ並べ、そこに4人が集うという方法もあります。4人の距離が縮み、声が届きやすくなります。

あるいは、長机などを使ったり、床に紙を広げたりすれば、より自由な形態で話し合うことができます。

座り方一つで、場の雰囲気は変わります。どう座るかを限定せず自由選択とするだけで、自由に柔軟に話し合える空気が生まれるものです。

4　課題解決ができる人間関係をつくる

グループ交流を始める前に、次のように話しておきます。

・全員が同量ずつ話す努力をする。
・傾聴を心がけ、無闇に否定しない。
・正誤ではなく、妥当性の高い考えを見いだすことが目的。

「自ら学ぶ子ども」が育つには、「自ら学ぶ集団」が必要です。そのためには、自他尊重、自他尊敬が前提であることをグループ交流を通して教えます。

この授業は、4月の入り口の授業です。これをベースとして、次のことを年間通して実践していきます。

・深い教材解釈、入念な教材研究を基に、学習意欲を喚起し持続させる教材を開発する。
・学びが活性化する場をつくる。
・学びを深める人間関係をつくる。

「子ども主体」の学びを促す指導技術

「任せる」技術

東京学芸大学附属小金井小学校　加固希支男

01 学習のつながりを意識させる

学習において自問するためには，自分なりの学習の文脈が必要です。そのためには，学習のつながりを意識することが大切です。

02 まずは周りの人と関わらせる

誰とでも関わるためには，まずは自分の席の周りの人と関わることを通して，いろいろな人と関わる経験を積み重ねていくことが重要です。

03 聞き手の役割を意識させる

子どもが協力して学習に取り組む際，話し手よりも，聞き手が自分の役割を自覚して行動することで，学習が深まるのです。

04 相手意識をもってルールの理由を考えさせる

自問できるようになるために，まずは相手のことを考えてみるとよいです。すると，「自分はどうだろう？」と考えやすくなるのです。

05 お互いに嫌な思いをしないという前提を踏まえる

「全員が同じ」ことを強要しないだけでなく，「お互いに嫌な思いをしない」という前提を踏まえることが，他者への尊重につながります。

01 学習のつながりを意識させる

前の学習と目の前の学習とのつながり、目の前の学習と将来の学習とのつながりを意識することによって、自分が行っている学習について自問しやすくなります。例えば、「前の学習と目の前の学習の共通点は何かな?」とか、「この方法を使えば、どんなことができるかな?」といったことを考えるということです。

子どもが学習のつながりを意識するためには、自分なりの学習の文脈が必要です。例えば、5年生でL字型の立体の体積を求める学習がありますが、この学習では、まず、「どんな解決方法でも、直方体(立方体)に変形すれば体積を求めることができる」という共通点に気づくことが必要です。その上で、「だったら、こんな形の体積も求められるのではないか?」と考えることが期待されます。

左のノートは、5年生がL字型の立体の体積の求め方を個別学習で考えた後の学習感想の一部です。この子どもは、L字型の立体の体積で「どんな解決方法でも、直方体(立方体)に変形すれば体積を求めることができる」ということを理解していました。理解していたからこそ、「だったら、三角柱だって、直方体(立方体)に変形すれば体積を求められるのではないか?」と自問することができたのです。学習感想を見ても、直方体を等分して三角柱の体積を求める方法が書かれています。

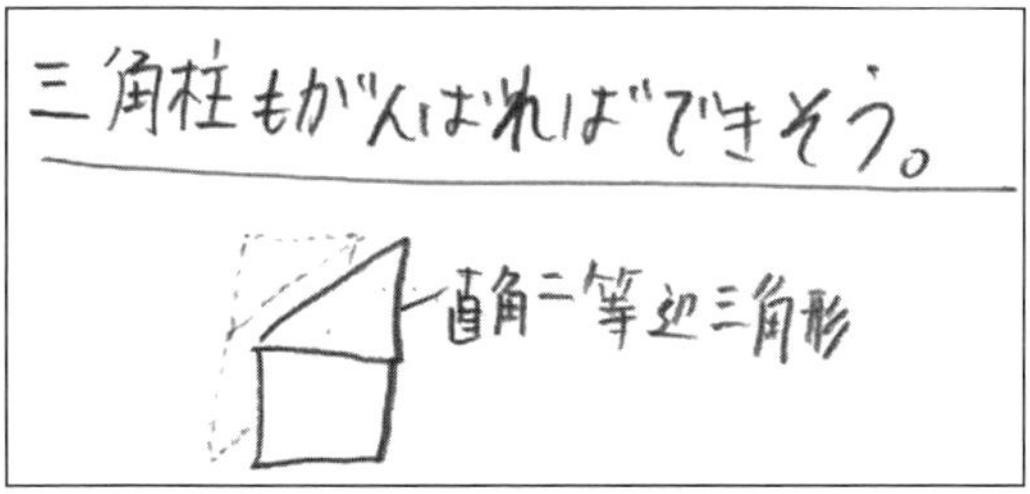
三角柱もがんばればできそう。
直角二等辺三角形

自分が行っている学習について自問するためには、「どうしてこうなるのかな?」という論理的な視点で自問することも大切です。しかし、「なぜ?」を自問することは子どもにとって難しいものです。特に、解決できた問題に対して、「なぜ?」と考える必要感をもつことは難しいです。そこで、学習のつながりを意識することで、自分が行っている学習について自問しやすくなるのです。

ここでは割愛しますが、教科教育の学習において、自問するために重要となるのは、教科の特質に応じた見方・考え方です。「どんな見方・考え方を働かせるとよいか」を子どもに意識させることによって、各教科の「学び方」を身につけることも可能となります。

―02 まずは周りの人と関わらせる

誰とでも協力できる力を育むためには、相手が誰であっても関わるという経験が必要です。子どもも大人も同じですが、「誰とでも関われる人」は、新しいことに気づく機会が増えます。「気の合う人」「話しやすい人」というのは、自分と考え方が似ていたり、自分の考え方を批判したりしないので、自分とは違う考え方に触れる可能性が低くなります。普段、あまり関わらない人と関わることこそ、自分以外の考え方に触れるよい機会になるのです。

子どもにも「いろいろな人と関わることで、自分では気づけなかったことに気づける」よさを感じてもらうことが重要です。そのために、学習の際は、誰かと一緒に問題を解いたり、他の人の考え方を聞いたりする際は、「まずは周りの人と話してごらん」と伝えることが必要です。「誰でもいいから話すといいよ」と言うと「気が合う人」「話しやすい人」の所に移動して話してしまいます。周りの人と話した上で、誰とでも関わるとよいです。

「気が合う人」「話しやすい人」と気兼ねなく話すことで生み出されることもたくさんありますから、否定する必要はありません。しかし、それだけだと、自分と異なる考え方に触れる機会は少なくなります。まずは、周りの人と関わることで、自分とは異なる考え方と触れ合う機会を増やし、「いろいろな考え方に触れることで、自分では気づけなかったことに気づける」というよさを味わう経験を積み重ねていくことが大切です。

そのためには、席替えの方法も考える必要があるでしょう。私は、「席替えは、学習のために行うものです。ですから、いろいろな人と関わるためにするものだと考えています」と伝えて、席替えをくじ引きで行っています。4週間に1回のペースで席替えを行い、とにかくいろいろな人と関わる機会を増やしていきます。もちろん、子どもから他の決め方が提案されれば、みんなで話して変えていくこともありますが、目的は変えないようにします。

また、いろいろな人と関わるためには、「自分から声をかける」ということの重要性も子どもに伝えています。自分から声をかけることは勇気がいることですが、声をかけてもらって悪い気がする人がいないことは、自分の経験からも子どもはよくわかっています。最初からできる子どもばかりではありませんが、そういった声かけを続けることで雰囲気を変えていくのです。

—03 聞き手の役割を意識させる

子どもが自分たちで学習を進めるためには、聞き手の役割を子どもが自覚することが重要です。話し手が一方的に話し、聞き手は何もしないということでは、一緒に学習をしている意味を感じることはできないでしょう。

先行研究からも、他者との協働の意味とその働きの認識を高めるためには、学習者が話し手や聞き手としての責任をもつ意識や、相手の考え方に共感する意識を向上することの必要性が明らかにされています（熊谷、２０１７）。

また、協働的な学習をよりよいものにするためには、「他の学習者の考え方の枠組みを理解する発話」や「学習者どうしの考え方の整合性や、共通点や相違点に関する発話」といった、他者の考えに対する理解を深める発話の重要性も明らかにされています（住田・森、２０１９）。

話し手は、自分の考えが相手に伝わるように話す必要がありますが、もっと大切なことは、聞き手が、話し手の考えに対する理解を深めようと、話し手に質問したり、声をかけたりすることなのです。ただ聞いているだけではだめですし、メモを取っているだけでも不十分なのです。

具体的には、「どうしてこうやって考えようと思った？」「この解き方は本当に合っているの？」「自分の解き方と同じところは○○で、違うところは△△だよ」といった声かけです。

ここで大切になるのがノートです。左のノートの写真は、３年生が「14個のケーキを3個ずつ箱に入れる時、箱はいくつ必要でしょうか」という問題を考えた時のノートの一部です。

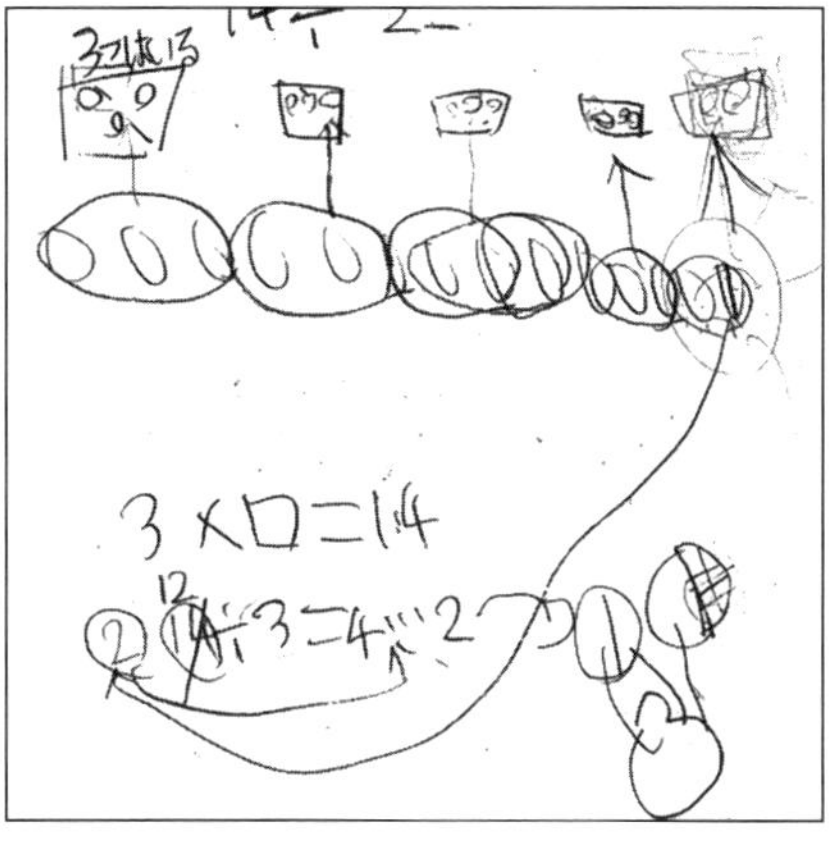

わかりづらいかもしれませんが、子どもたちは、あまった2個のケーキの扱いについて、ノートを使って試行錯誤していました。「あまり2個とすれ

ばいいのではないか?」「でも、あまったケーキは箱に入れないのか?」といった議論が行われ、最終的には「5箱必要」という結論を導き出していました。ノートを使うことで、試行錯誤しやすくなります。言葉だけでは、話し手の考えを深めることは難しいでしょう。

1人1台端末が配備され、ICTを使うことが日常的になりましたが、話し手の考えの理解を深めていく時に、ノートの方が形に残しやすい場面もあることを理解しておくとよいでしょう。

—04 相手意識をもって ルールの理由を考えさせる

ここからは、自問する力、誰とでも協力できる力を育てるために、日々の生活において取り組んでいることについて述べていきます。

まずは、「相手意識をもってルールの理由を考える」ということです。

「どうして廊下を走ってはいけないの?」と子どもに聞くと「校則だから」「先生に言われたから」という答えが返ってきます。これは、「言われたことをする」という姿そのものです。

少し考えさせると「けがをするから」という答えが返ってきます。「だれが?」と問い返すと「自分が」と返ってくることが多いです。自分の身を守ることも大切ですが、相手の身を守ることも同じように大事だということの意識が欠けている返答です（自分の学級・学校の子どもに「どうして廊下を走ってはいけないの?」という質問をすると、子どもの現状がわかると思います）。

ルールには、みんなで守る必要がある理由があります。その理由が明確でない場合は、そのルールは意味がないものです。ですから、ルールの理由を考える習慣をつけさせることが重要です。その時、相手意識をもたせることが重要です。

「自分にとって」だけでなく「このルールは、周りの人にとって、どんな意味があるのか?」ということを考えるのです。

廊下を走らないのは、体が当たってしまった時、自分だけでなく、相手もけがをしないためです。授業中に廊下を移動する際、静かにするのは、他の学級の学習のじゃまをしないためです。こうやって、相手意識をもってルールがつくられた理由を考えるのです。

相手意識をもつためには、「自分だったらどう思うだろう」という自問が必要になります。相手の気持ちを知ることはできません。あくまで予想でしかないのです。しかし、予想するためには、「自分だったらどう思うだろう」と自問する必要が生まれます。この自問する習慣は、学習にもよい影響を与えるはずです。

05 お互いに嫌な思いをしないという前提を踏まえる

何かを決める際、多数決で1つの結論を決めることは少なくなってきていると思います。もちろん、時と場合によっては、結論を1つに決めるしかない場合もありますが、それでも、十分に話し合いをして、「いろいろな考え方がある」ということを踏まえた上で、決定事項が運営されていくことが重要でしょう。これは、子どもの社会でも大人の社会でも大切なことです。

右下の写真は、宿泊の班決めをした際の黒板です。

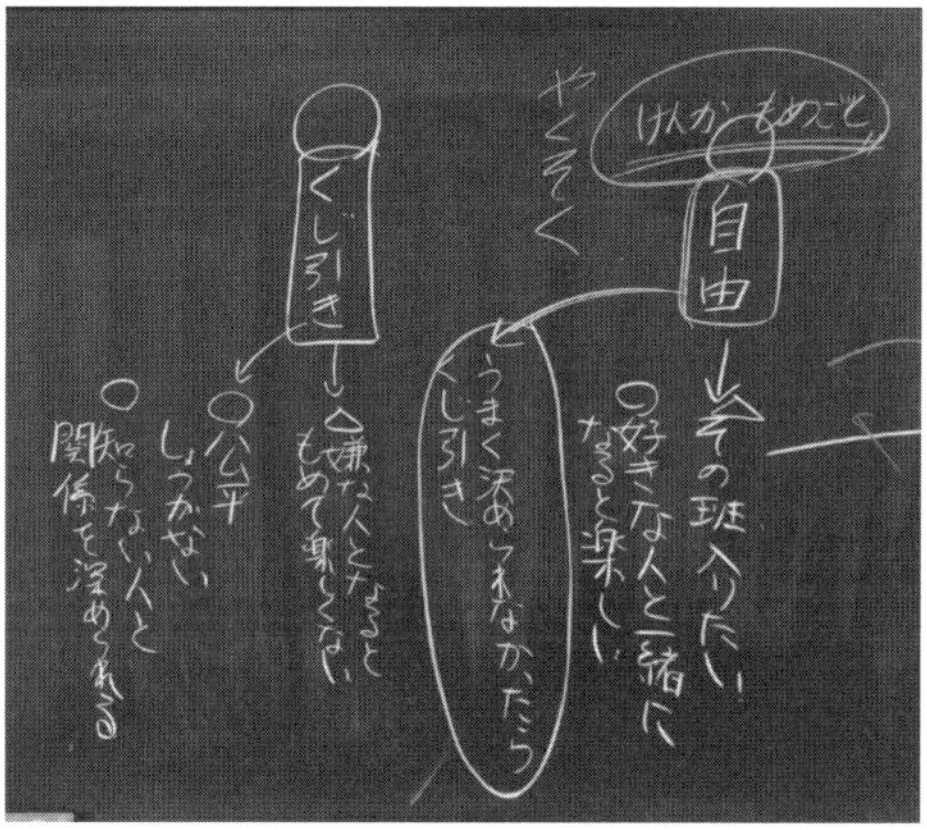

自由に決めたい子ども、くじ引きで決めたい子ども、それぞれの子どもを尊重し、希望する決め方が行えるように、「自由に決めたい人の班」と「くじ引きで決めたい人の班」といったように、班の構成を決めていきました。

また、それぞれの決め方の長所・短所を考え、どちらの決め方を選んだとしても、自分で責任をもつとともに、誰かが嫌な気持ちにならないように決めることを合意しました。

誰とでも協力するということは、一人ひとりの決定を尊重するだけでなく、お互いに嫌な思いをしないという前提を踏まえることも忘れないようにしなければなりません。

【参考文献】
熊谷圭二郎（2017）「児童生徒同士の互恵的な相互作用を活用した教授・学習法に関する研究の動向について」学級経営心理学研究第6巻第2号．pp.183–197
住田裕子・森敏昭（2019）「算数の協同的問題解決場面において児童の深い概念理解を促す効果的な相互作用プロセスの検討」教育心理学研究第67巻第1号．pp.40–53

「子ども主体」の学びを促す指導技術

「つなぐ」技術

京都教育大学附属桃山小学校　若松　俊介

01　単元はじめの学習材との出会いをデザインする

どうすれば学習材に興味を持つことができるか，これから学習したいことや考えたいことを見つけることができるかを構想します。

02　昨年度までの学習をふり返る場をつくる

「これまでの学年での学習」を一緒にふり返ることで，「これからの学習」につなげられるようにします。

03　１時間の終わりに学習をふり返る場をつくる

１時間の終わりに自分の学習をふり返る場をつくることで，単元内の学びを連続性のあるものにします。

04　子どもたちの学習が重なるようにする

子どもたち同士が孤立してしまうのではなく，重なり合いながらともに学習を進められるような場づくりをします。

05　自分の生活や社会にも目を向けられるようにする

「テストのため」で終わる学習にするのではなく，自分の生活や社会とのつながりを実感できるような学習にします。

06　つなぐ，つながる力を育てる

教師がずっと「つなげる」のではなく，子どもたち自身が「つなぐ」「つながる」ことができるように，その成長を支えます。

01 単元はじめの学習材との出会いをデザインする

　私は、子どもたち一人ひとりが自分なりにこだわりを持って学習を進められるような指導や支援、場づくり等を大事にしています。「自分なりに」「こだわりを持って」を実現するためには、単元はじめの学習材との出会いをていねいにデザインする必要があります。

　例えば、「子どもたちがその学習をどのように始められるようにするか」をじっくりと考えます。できる限り「学習しなければいけないから学習する」ことは避けたいです。子どもたちにとって自然な学習の始まりにしたいものです。

　「学校教育」という枠があり、教科があり、教科書があり…となると、その全てが子どもたちにとって自然な学習というわけではないでしょう。だからと言って、やはり「学習しなければならないもの」とはしたくありません。いきなり学習課題を提示して、「さぁ、これを学習しましょう」とするのは強引すぎます。

　また、無理矢理楽しく学習できるようにすることも不自然だと考えます。クイズ形式で楽しめるようにしたり、教師が大げさに演技したりすることに違和感を持っています。もちろん、時にはそのような場があることで救われる子がいるかもしれません。しかし、そうでなければ、子どもたちが学習することに興味を持てなくなってしまうのはもったいない話です。学習の楽しさは、もっと違うところにあるはずです。

　例えば、次のような学習材との出会いの場をつくることで、子どもたちが学習に関する興味や「問い」を持つことができるようになるでしょう。これから学びたいことや考えたいことを見つけることを支えられます。

・実物を観察できるようにする
・具体物に触れるようにする
・資料に注目できるようにする
・複数の写真を比較できるようにする
・単元名に注目できるようにする

　ただし、こうした指導や支援、場づくり等をすれば絶対にうまくいくわけではありません。子どもたちのこれまでの学習や生活経験等をきちんと見取った上で、子どもたちにとって必要な「学習材との出会い」を考えます。「どのような実物を持ってくれば、子どもたちは自分の生活経験とつなげられるだろう？」「どのような資料を用意すれば、子どもたちが『問い』を持つようになるだろう?」「どのような力を育てれば、単元名をもとに『問い』を立てて学習するようになるだろう?」と、絶えず教師自身が「問い」を持って試行錯誤する必要があります。

02 昨年度までの学習をふり返る場をつくる

子どもたちは、これまでの学年でさまざまな学習を積み重ねた上で、本単元の学習、本時の学習に向かっています。だからこそ、それぞれをぶつ切りにするのではなく「これまでの学習」と「これからの学習」をつなぐことができるようにします。

例えば、4月の国語の物語文の学習を始める際、1年生以外であれば、「これまでどんな物語文を学習してきたの?」と問いかけます。そうすると、子どもたちは、これまで学習した物語文の題名を伝えようとします。題名だけでなく、その物語文の内容も話し出す子が出てきます。

また、「どんなことを学習したの?」「どんなことを話し合ったの?」と問いかけると、その時に学習したことや話し合ったことを思い出すでしょう。その時に行われた話し合いを再現してくれる子がいるかもしれません。

さらには、「物語文の学習ってどんなことを学習する時間なの?」と問いかけると、「言葉や文章に注目して考えることで読み深める」「登場人物の心情の変化を考える」など、物語文で学習する際に大事なことを自分なりに表現するでしょう。

このように、これまでの学年での学習と本単元の学習をつなげることで、子どもたち自身がこれまで学習してきたことを活かそうとします。例えば、「最後の一文に注目することで、自分の読みが深まった」経験がある子は新しい物語文の学習でも最後の一文に注目することを大事にします。子どもたちの中で学習することがつながっていくでしょう。

「これまでの学習」と「これからの学習」のつながりを実感することができれば、「1学期の学習」と「2学期の学習」、「3学期の学習」も、それぞれ子どもたち自身がつなげていけるようになるでしょう。

03 1時間の終わりに学習をふり返る場をつくる

単元内でも子どもたちの学習がぶつ切りにならないようにしたいものです。そのために、学習を1時間で終わらせるのではなくて、単元内でのそれぞれの学習がつながるようにします。

そのために、1時間の終わりには自分の学習を整理したり、ふり返ったりする時間を設けます。授業で感じたことや考えたことだけでなく、気になったことやこれから考えたいこと等を書けるようにすることで、次の時間の学習につなげられるようにします。

例えば、下画像は5年「大造じいさんとガン」（椋鳩十）の学習におけるAさんのふり返りです。こうしてふり返ることで、気になったことやこれから更に考えたいことを見つけることができています。

ふり返りを書いて終わりにするのではなく、次時の学習始めにふり返りを読んだり、「考えたいこと」をもとに学習を進められるようにしたりすることで、単元内の学習がつながります。

「ふり返りを書いたけれど、結局、次の時間には先生が好きなように進める」になってしまうと、子どもたちはふり返りを書くことの意味や目的を見失ってしまうでしょう。きちんとつながる場づくりをするからこそ、子どもたち自身がつなげるようにもなっていきます。

ふりかえり

今日は、前一人読みで追究したことについて話し合いました。私のグループは、大造じいさんの心情の変化について主に話し合っていました。でも、教科書をじっくり読んでいくうちに、色々な場面の情景を見つけて、その情景にはどんな思いが込められているのかなどを話し合ってしました。話し合った中で、特に私が一番気になったのは、237pの「らんまんと咲いたスモモの花」の部分です。大造じいさんの寂しい思いや、また堂々と戦いたいというような気持ちが込められているのではないかなと思います。また、次回話し合ってじっくりと考えたいです。

04 子どもたちの学習が重なるようにする

教室にはたくさんの子どもたちがいます。一人ひとりが自分なりに学習を進める中で、それぞれがバラバラになってしまうと孤立してしまいます。せっかく一緒にいるのだからこそ、お互いに学び合い、支え合える環境をつくります。

子どもと子どもを「つなぐ」には大きく2種類あります。

・子ども同士の関係性をつくる
・子どもたち同士の思考をつなげる

人は関係性の中で学び合います。よ

く知らない人同士の中で急に「学び合いましょう」と言われても難しいものです。大人であれば、共通の目的があればなんとか力を合わせることはできるかもしれません。しかし、やっぱり関係性があるからこそより学び合うことができます。まずは安心してつながりながら学び合える環境をつくります。

そんな環境で、子どもたち同士が学び合うことで、お互いの考えがつながり始めます。ただし、全てが自然とつながり合うわけではなく、最初は教師が「つなぐ」ことを行います。

・同じテーマをもとに考えている人同士で考えを聴き合えるようにする
・違うテーマをもとに考えている人同士で考えを聴き合えるようにする
・ＩＣＴ機器等を活用して、お互いに考えていることを知れるようにする

…といったことを通して、子どもたち同士が自然と学び合うような場をつくったり、全体でお互いの考えがつながり合うようにファシリテートしたりすることを意識します。

協働して学び合うことで、一人ひとりの学習が更に豊かになります。子どもたちは、自分たちでもよりよく学習するために「協働する」ことを自分の学び方の選択肢に入れるようにもなるでしょう。

05 自分の生活や社会にも目を向けられるようにする

「学習する」とは、決して「先生に言われるからする」「テストのためにする」といったものではありません。子どもたちが「自分の見方を広げ、考えを深める」「自分の世界を広げていけるようにする」ためのものです。

私は、子どもたちが自分なりに学習することの意味を見つけ、目的を持って学習することを楽しめるようになってほしいと願っています。そこで、学習を進める過程で絶えず自分の生活や社会にも目を向けて、自身の学習とつなげられるようにしています。

例えば、歴史の学習を行う際には、まず始めに子どもたちに次のようなことを問いかけました。

「どうして歴史の学習をするのだろう？」
「歴史の学習を通して明らかにしたいことはどんなこと？」

このように問いかけられることで、子どもたちは自分なりに歴史を学習する意味を考えたり目的を持ったりすることができました。

左画像はBさんが書いた「歴史の学習を通してこれから考えていきたいこと」です。Bさんは、歴史における「普通の市民」に注目しました。自分と同じ立場だからこそ、「普通の市民」に注目することで、税や政治等にもつなげて学習することができると考えたようです。

歴史の学習を通してこれから考えていきたいハテナ

1番大きく考えたいハテナ…昔と今の**考え方**の違い

調べたら答えが出るハテナ…昔と今の**衣食住**の違い

1番大きく考えたいのは、考え方の違いです。昔と今では生活環境が全然違うので、やっていることも違います。その中でそれぞれの考え方を調べたいなと思いました。わたしが特に考えたい立場の人は、普通の市民です（百姓？）。わたしと同じ立場ということもあるし、考えたら面白いんじゃないかなと思います。政治に対する気持ちや、税に対する気持ちなどがあると思うので、今の政治ともつなげて学習したいなと思いました。昔と今の衣食住では、とても変化していると思います。服も、かんとうぎ（名前がわからない）→和服→洋服というふうに変わっています。生活だって変わっていると思うし、住んでいるところもぜんぜん違うと予想するので、調べたら面白いんじゃないかなと思いました。

　Bさんだけでなく、他の子も公民的分野で学習したことを活かしながら、自分なりに社会や政治とつなげながら歴史の各単元の学習を進めていきました。最初に「歴史の学習をする意味」や「歴史の学習において明らかにしたいこと」を考えたからこそ、単に歴史的事象を知って終わりにするのではなく、自分の生活や社会とつなげていこうとする姿が見られました。

─06 つなぐ、つながる力を育てる

　1〜5で書いたことは、全て「教師がつなげる」で終わらせるのではなく、子どもたち自身が「つなぐ」「つながる」ことができるようにしています。なぜなら、永遠に教師が「つなぐ人」でいると、子どもたちはその教師を求めるようになってしまうからです。子どもたち自身が「つなぐ」「つながる」ことができるようになれば、子どもたちの学習は更に充実したものになります。

　そのためにも、まずは教師が「つなげる」ことで、子どもたち自身がそのよさを実感できるようにします。そうすることで、子どもたちはより「つなぐ」「つながる」ことを大切にするようになるでしょう。その過程をていねいに支えたいものです。

【参考文献】

若松俊介（2022）『教師のための「支え方」の技術』明治図書

「きく」技術

岐阜聖徳学園大学　玉置　崇

01 表情発言を推奨し意図的指名できく

発言は口頭だけでなく，表情を変えることでも発言になると伝えます。子どもたちに，表情を見て指名して発言してもらうことがあると知らせます。

02 ペアや４人で話し合っている様子を見てきく

ペアや４人で話し合っている様子から，ぜひ聞いてみたいと思うことがあったら，「ＡさんとＢさんは一生懸命に話し合っていたね。ぜひ聞かせて」と依頼するように伝えます。

03 ノートや情報端末への書き込みをもとにきく

ノートや情報端末に書いたことを見て，「ノートや情報端末に書いたことを発表してください」と指示することがあると話しておきます。

04 ゆさぶりをかけてきく

ゆさぶりをかけることで，発言の背景にあることを聞き出すことができます。「本当は迷ったのではないですか」などと，発言したときの気持ちを聞くことがあると予告しておきます。

05 「心の天気」を見てきく

子どもが自分の心境を「はれ・くもり・あめ・かみなり」のマークで教師に伝えることができる「心の天気」というシステムがあります。そのマークをもとに気持ちをきくことがあると伝えておきます。

01 表情発言を推奨し意図的指名できく

　子どもたちは、発言は挙手をして指名を受けてするものだと思い込んでいます。また、このように考えておられる教師も多数います。

　これでは、挙手をする子どもの考えは、「きく」ことができますが、挙手しない子どもの考えは「きく」ことができません。また、子どもたちは挙手をしなければ発言する機会はありませんので、授業から徐々に離れていく傾向があります。

　発言者以外の子どもたちを注目してください。必ずと言っていいほど、なにかしら表情を変えています。意図的に変えているわけではなく、他の子どもの考えを聞いて、ごく自然に表情を変えるのが子どもです。

　その表情の変化をとらえて、意図的指名をします。

「Ａさんは、今、うなずいたね。どうしてうなずいたの？　気持ちが聞きたいですね。話してくれませんか」

「Ｂさんは、首を傾げたね。何か思ったのだね。それを聞かせてください」

「Ｃさんは、教科書で何かを確認したね。いいですねえ。何を確認したのかを聞かせてくれますか」

などと、子どもの表情や動きから意図的指名をして、その子どもの考えや気持ちを「きく」とよいでしょう。

02 ペアや４人で話し合っている様子を見てきく

　ペアや４人で話し合う授業を多く見るようになりました。そのときの授業者の様子を見ていると、もっと意図的に動くといいと思うことがあります。私が勧めているのは、意識してつぶやきを聞き、それを板書しておく「つぶやき板書」です。

　例えば、算数授業の場面です。４人で話し合っている内容を聞いて、「２つに分ける」「直線を引く」「長方形２つ」といったつぶやきが聞こえてきたとしましょう。それらのつぶやきの中で、集団追究をする際に使えるつぶやきだと判断したら、板書しておくのです。

　ペアや４人での話し合いを終えた後、「聞こえてきたつぶやきをここに書いておきました。『２つに分ける』と言っていた人、これはどういうことなのかを聞かせてください」などと、板書をもとに指名します。つまり、集団追究の始まりをコントロールするのです。

　教師が集団追究場面開始で困った思

いをするのは、考えもしなかった意見が出された時です。「つぶやき板書」は、それを防ぐことができます。

03 ノートや情報端末への書き込みをもとにきく

愛知教育大学名誉教授の志水廣先生は、「〇つけ法」という机間指導の1つの手立てを提唱されています。この手立ては、教師は子どもを見ているようで見ていない、机間指導が形だけで終わっているという課題を解消するために編み出されたものです。

教師は赤ペンを持って、子どものノートを見て回ります。ノートを見る際には、「いいね」「よく考えたね」「ここまではよくできているよ」などと、即時評価をしながら赤丸を打ち、子どもの状況を把握する方法が「〇つけ法」です。

「〇つけ法」を実践している教師は、当然、子どものことをよく見ています。「さきほどノートを見たら、『心がすっきりしたから』と書いてありましたね。そのわけが聞きたいです。話してください」などと、ノートの記述をもとに、子どもに「きく」ことができます。

ノートだけではなく、情報端末にも自分の考えを入力する場面を見ることが多くなってきました。情報端末はノートと違い、各自の入力情報を互いに読み合うことが容易にできます。

入力された情報を見合い、「Aさんの考えをもっと聞きたい」とか「Bさんと私の考えは違うので、詳しく知りたい」など、子どもが子どもに「ききたい」という状況が出てくれば、まさに理想的です。そのために、「互いに考えを見合って、聞きたいことを出し合いましょう」といった指示をすることが、子どもを育てる1つの手立てになります。

さらに言えば、考えだけではなく、「わからない」とか「?」を気軽に情報端末に入力できる心理的安全性が高い教室にしたいものです。「?」が入力された時には大いに褒め、その子どもの気持ちを聞きたいものです。もちろん、「?」はノートに書いてもいいわけです。ただし、机間指導をしない限り、それに気づくことはできません。ここがノートに書くのか、情報端末に入力するのかの違いとなります。

04 ゆさぶりをかけてきく

ゆさぶりをかけることで、子どもから聞き出すこと、つまり「きく」ことが充実することがあります。

　例えば、道徳授業で、ある子どもが「主人公の気持ちが変わったから」と発言したとしましょう。

　「なるほど。でも、人は簡単に気持ちを変えることができるでしょうか?」と追質問をすることで、その子どもから、主人公に寄せた気持ちを「きく」ことができます。このように、ゆさぶりは、子どもの発言や記述の土台となっている心情を引き出す効果があります。

　「大名が指示をしたからと言いましたが、大名が言ったことは絶対に守らなければいけなかったのですか? 守らない人もいたのでは?」などと、ゆさぶりをかけることで、大名の位置づけについて資料などから再度確認しようとする子どももいるでしょう。こうした子どもを指名して、「何を調べたのかが聞きたい」と水を向けるとよいでしょう。

—05 「心の天気」を見てきく

　子どもが自分の心境を「はれ・くもり・あめ・かみなり」のマークで教師に伝えることができる「心の天気」というシステムがあります。(「心の天気」という名称ではありませんが、同じ機能をもつシステムはいくつかあります)

　「心の天気」を活用している学校では、登校したらシステムを立ち上げ、今の心境を「はれ・くもり・あめ・かみなり」から選んで入力します。コメントを書き込むこともできますが、天気マークの入力だけを活用している学校も多くあります。

　たったこれだけのシステムですが、子ども自身は、日々メタ認知することができますし、教師は天気マークによって、その子どもの心境をある程度とらえることができます。

　例えば、「かみなり」を入力した子どもがいたとします。それまでのその子どもの天気を見て、「かみなり」がほとんどなかった状況なら、教師に何かしら伝えようとしていると考えるとよいでしょう。

　実際に「かみなり」が3日続いた子どもがいて、担任が時間をかけて、心のうちを聞いたところ、かなり悩んでいたことがわかったという事例があります。天気マークによって、言葉にならない子どもの心境を「きく」よいきっかけになったのです。

「ヒントを出す」技術

兵庫県姫路市立菅野中学校　林　大志郎

01 予想を立てることで，学習の方向性を見極め，成長に気づかせる

　学習課題についての予想を立て，学習内容や方法に対する方向性を見極めます。振り返りに利用することで，自分自身の考えや学習方法の変容に気づかせます。

02 学習「方法」に対して焦点を当て，道筋を想像させる

　学習内容と方法を分けて，見通しをもつ時間を確保します。学習方法について，全体で共有することで，難しさを感じている生徒にもヒントとなるようにします。

03 教師からの言葉かけによって，思考の方向性を示す

「支援が必要な状態か」「どの程度の支援が必要なのか」を見極め，それに応じた言葉かけを行います。状況によっては，さらに追究を深めるために，考えを広げ，深めるための言葉かけを行います。

04 思考ツールや ICT を活用して，思考を支援する

　言葉かけなどの直接的な支援だけでなく，思考ツールや ICT を活用して，間接的に生徒の思考を支援できるようにします。

01

予想を立てることで、学習の方向性を見極め、成長に気づかせる

自律した学習を行うために、導入段階では、生徒自身の手で学習内容や方法の方向性を見極めることが大切です。その1つの方法として、「予想を立てること」があげられます。

予想を立てることで、

①新たな学習領域に対する興味・関心が高まる。
②学習内容や方法に対する方向性を見極める。
③振り返りの際に利用することで、自分自身の考えや、学習方法の変容に気づく。

ことなどが期待できます。

予想した内容を記録しておくことで、自分自身の考えの変容や、学習方法の振り返りにつながります。新たな知識を獲得した、学びが広がったという実感をもち、成長に気づくことでさらなる学習意欲の向上が期待できます。

例えば桃山文化の授業では次のような形です。

T 岐阜城は1201年に建てられたと言われています。姫路城は改築なども行われ、1617年に今の姿になったと言われています。岐阜城と姫路城は、同じ城でも何が違いますか？ Google Earthを使って見比べよう。

S 岐阜城は、山の頂上にあるけど、姫路城は町の中にあります。

S 城自体（天守閣）の大きさが違います。

T なぜこのような違いがあると思いますか。予想してみよう。

S 城をつくる技術が発達したから。

S 戦いが激しくなったからだと思います。

予想の段階では、戦いが激しくなった、城をつくる技術が上がったなどの意見が出ることが考えられます。

学習を進めることで、城の変化について、経済力をもった大名や豪商がいたこと、統一権力の誕生により、城の役割が変化したことなど、社会的背景と結びつけながら考えられるようになります。

また、予想の段階で、「頑張れば解決できそう」と生徒が思うことで、学習に対する意欲は向上します。

導入の段階における教師の役割は「登山道の入り口にある立て看板」だと考えています。看板は、方向性は示

しますが、その行き先や方法を強制することはありません。理想は、生徒自身の手で学習の方向性を見極めることです。生徒が多様な学習方法を選択しながらも、単元や授業の学習目標に近づけるよう、導入を構想します。

02 学習「方法」に対して焦点を当て、道筋を想像させる

学習を進めることができない生徒の中には、学習「方法」に対する見通しがもてず、学習を進められない生徒もいます。

そのような状況が予想される場合は、学習課題を提示した後、クラス全体に対して「学習課題について考えるために、どのような情報や資料が欲しいですか?」などと問います。

「学習内容と学習方法に対する見通し」について、両方を同時に考えることが難しい場合は、それぞれを分けて考えていく必要があります。ここでは「学習方法」に対して焦点を当て、どのように学習を進めていくか、考える時間を確保します。私の場合は「実際に計画を立て、作成する」というよりも、「頭の中で見通しをもち、ゴールまでの道筋を想像する」イメージです。

生徒が考える時間を確保した後、班やクラスで、どのような情報や資料が欲しいかを共有します。他の生徒がどのような学習方法で進めようとしているかを全体で共有することで、学習の進め方がわからない生徒に対するヒントになります。

03 教師からの言葉かけによって、思考の方向性を示す

先述のように、学習方法に対して計画を立てる時間を確保しても、個人で取り組むことが難しい生徒もいます。そのような生徒に対して、教師から言葉かけを行うことも支援の方法の1つです。

まず大切なことは「支援が必要な状態か」「どの程度の支援が必要なのか」を見極めることです。支援の不足と同様に「過剰な」支援は、生徒の学習意欲を低下させます。生徒の様子を観察し、支援するかどうかを判断します。見極めが難しい場合は、支援が必要かどうかを生徒に直接聞いてもよいでしょう。

支援を行う際の言葉かけも、「学習内容に対する支援」「学習方法に対する支援」などが考えられます。

①「どこを見たら考えることができそうかな?」
②「ここを使って考えてみよう」
③「例えば、○○のように考えてみる

のはどうかな?」

などの言葉かけを行います。

①の場合は、生徒が自分で学習方法を思考できそうな場合に用います。②は、①が難しい生徒に対しては、教師から参考となる資料や内容を示します。③では、例を示すことで、思考の流れをつくります。

最初に言葉かけを必要としていた生徒も、成長するにつれ徐々に支援を必要としなくなります。成長段階に合わせた言葉かけを行うことが、生徒の自主性を尊重することにつながります。

反対に学習課題についての追究が終わったと考えている生徒に対しては、考えを「深める」「広げる」ための言葉かけを行います。「具体的にはどのようなことがありますか?」「根拠となる資料や事実はどれですか?」「これ以外に考えられることはないでしょうか?」など、より具体化する、他の面から考えさせるような言葉かけをすることで、さらなる追究を促します。

学習目標に対する達成度は、生徒によって差は生まれます。しかし、生徒個人で考察したときよりも、さらに学習を深められるように支援や言葉がけを行います。

─04 思考ツールやICTを活用して、思考を支援する

学習支援の方法は、先ほどの声かけのような直接的な学習支援の他に、思考ツールやICTを活用して、間接的学習支援を行うことが考えられます。

例えば、「もしみなさんが当時の戦国大名であれば、鉄砲をどのように入手し、どう利用しますか?」という学習課題では、「もし」という仮定を使っています。このような学習課題に取り組む際、生徒によっては、自分自身の考えと根拠を混同しがちです。

そこでGoogle Jamboardに考えをまとめる際、「自分自身の考え」「根拠となる資料や事実」「どのように鉄砲を入手するか」「どう利用するか」というテキストボックスを教師が作成しておきます。このテキストボックスを考察に利用するかどうかは生徒自身が判断し、決定します。

生徒の思考を間接的に支援する方法としても、ICTを利用することができます。

【参考文献】

大島純・千代西尾祐司編(2019)『主体的・対話的で深い学びに導く　学習科学ガイドブック』北大路書房

「子ども主体」の学びを促す指導技術

「机間指導」の技術

鹿児島県公立小学校　浦元　康

01 子どもを観る視点を明確にもつ

机間指導では，子どもを観察する視点をもつことで，心理的・学習的状況を把握し，適切な支援や声かけができるようになります。

02 繰り返し声かけをして８つの感を刺激する

学びに対して無気力な子どもにはどのような指導をされていますか？　机間指導によって，学びに向かうために必要な学びのエンジンをかける手法を紹介します。

03 学びのマップを渡す

学びのマップを子どもたちに渡すことによって，子どもたちの問題解決能力は向上し，自己調整できる学習者へと成長することができます。ポイントは「見方・考え方」です。

04 子どもの思考をゆさぶり，深める

机間指導における教師のゆさぶりは子どもたちの思考を深める効果があります。特に，個人に対するゆさぶりは全体に向けたものへと発展していきます。

05 子ども同士の考えをつなげる

教師には，子ども同士の考えをつなげるファシリテーション的な役割が求められます。そこで，子ども同士の考えをつなげる３つの機能について紹介します。

06 学級の受容的な雰囲気を醸成する

子どもの学習意欲を高め，自己調整学習を促進するには，安心できる学級雰囲気を醸成することが必要です。ここでは，机間指導における受容的な雰囲気をつくるための声かけ方法を紹介します。

01 子どもを観る視点を明確にもつ

机間指導では、子どもの学習・心理的状況を正しく把握することが非常に重要です。教師は、子どもの様子を単に「見る」だけでは、適切な指導を行うことはできません。子どもの様子をよく観察し、どのような支援を要するか判断する観察力をもつ必要があります。

では、どのような視点で子どもを観察することが必要なのでしょうか。

机間指導における子どもの状態は主に2つの視点から捉えることが重要です。

①粘り強く取り組める
②解決方法の見通しがもてる

これらの視点で教師は子どもの様子を捉えることができます。

粘り強く取り組めるとは、いわば学びのエンジンです。九九をすらすら言えるように暗唱の練習をする、図工で納得のいく作品を制作できるまで試行錯誤するといった子どもの姿です。

解決方法の見通しがもてるとは、学びのマップをもっているということです。ポイントは見方・考え方です。解決への道のりを理解することは自力解決の成功において大切な要素になります。また、道のりは1つだけではなく、様々な解決方法を把握することによって自己調整できる学習者が育ちます。

机間指導における子どもを観察する視点

①『自己調整型』学びのエンジンがあふれている×学びのマップをもっている子どもです。自力解決において様々な解決方法で試行錯誤しながら取り組む姿がみられます。

②『自己完結型』学びのエンジンが少ない×学びのマップをもっていない子どもです。自己完結型の子どもは、「解けたらよい」という考えをもっています。解答はできるが、粘り強く取り組むことができず、自分の解答のみで満足してしまう傾向があります。

③『八方塞がり型』学びのエンジンが少ない×学びのマップをもっていない子どもです。無気力で、てこを使っても動かすことが難しい子どもです。机間指導で一番大切に見ていきたい子どもたちです。

④『空回り型』学びのエンジンがあふれている×学びのマップをもっていない子どもです。粘り強くやる気はあるのですが解決方法への道のりが誤っている子どもです。見方・考え方を修正してあげれば自己調整型につながるので早急に対応していきたいです。

　これらのように、机間指導するときには、子どもたちはどのような状態なのかを教師が観察する必要があります。さらに、子どもと学習していくなかで、個人の実態を掴むことができます。授業前には実態に応じた机間指導をイメージしておくことも大切です。

—02 繰り返し声かけをして８つの感を刺激する

　では、横軸である学びのエンジンをかける机間指導はどのようにすればよいのでしょうか。学びのエンジンをかけるのに有効な手立ては、内発的動機づけです。内発的動機づけとは、自発的に行動を起こす原動力や動機づけのことです。机間指導における内発的動機づけにおける必要な要素は、①一体感②必要感③安心感④達成感⑤有用感⑥自己決定感⑦自己効力感⑧安定感この８つの感を刺激する声かけが教師には求められます。具体的な声掛けには以下のものがあげられます。

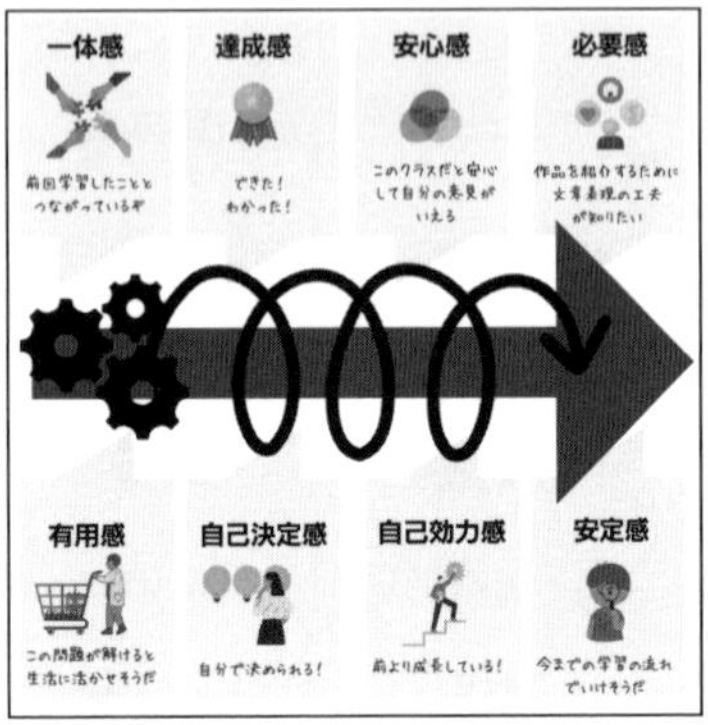

学びのエンジンをかける８つの感

・まずは前と同じやり方でしてみる？
・授業にはＡさんの考えが必要だ！
・Ａさんのおかげでいつも素敵な授業になるよ
・Ａさんの考えにはいつも驚かされる
・どの方法でやってみる？
・Ａさんならできそう！
・前よりもたくさん書けている！

　この８つの感は一単位時間の授業では、到底身につけることができません。日々の授業で繰り返し教師が声かけすることによって、子どもたちの中で育っていきます。その授業だけの机間指導ではなく、１年間を通して学びのエンジンをかけるために子どもを育てる声かけをしていきます。

—03 学びのマップを渡す

　次に縦軸である学びのマップを渡すにはどうすればよいのか考えます。学びのマップをもっている状態というのは、子どもが問題解決への見通しをもっていることです。解決への見通しとなるものは、「見方・考え方」です。見方とは、学習を解決するための視点です。算数では、1つ分をつくる、社会では、時期や場所に注目するといった視点が考えられます。考え方は、比較、関係づけるなど思考法を意味します。3年生算数「かけ算」23×3の計

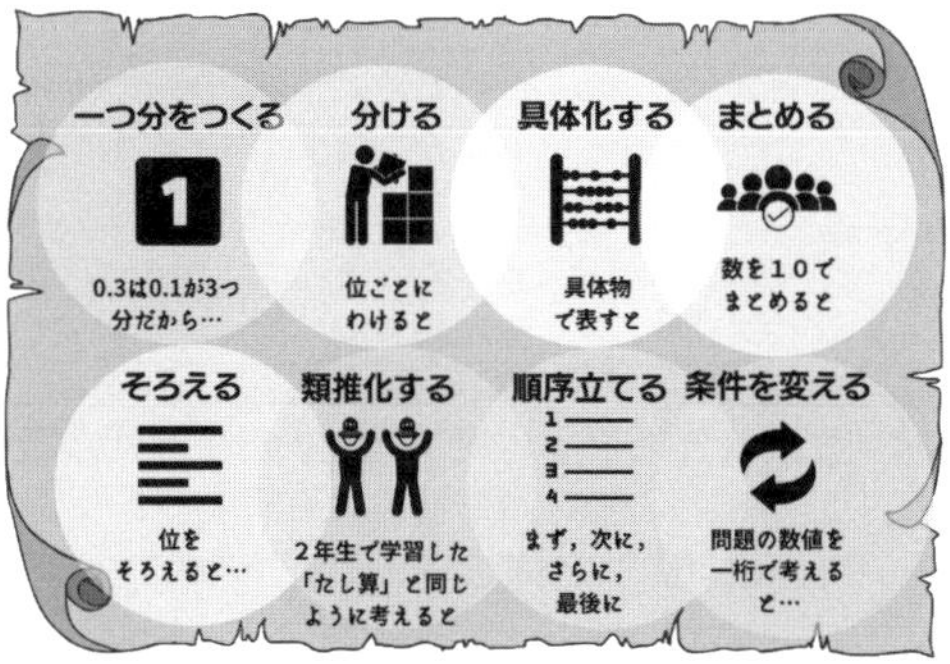

算数科における学びのマップイメージ

算では、たし算で答えを出す子どもや、10のまとまりで考える子ども、他にも、絵で表現する子どもがいるかもしれません。多様な解き方を子どもたちが発見することができるように教師が学びの地図を示す必要があります。

他にも各教科において、

・演繹的に考えさせる
・書き初めを教える
・モデルを示す
・穴埋め式ヒントカードを用意する

といった支援も必要になります。学びのマップを渡すことは、自力解決への足がかりとなります。自分の考えをもっていなければ、次段階であるグループ活動や全体指導で練り上がりません。まずは、学びのマップを渡して全員が自分の考えをもてるようにすることが大切です。

—04 子どもの思考をゆさぶり、深める

他にも机間指導には子どもの思考を深める効果があります。②自己完結型の子どもにはおすすめの手法です。自力解決が早く終わったことを価値づけしながらも、考えを洗練していきます。

①仮定でゆさぶる

・もし会話文があったら、登場人物は何と言っているかな？
・もし2mが1・5mだったら？

②立場を変えてゆさぶる

・売り手からすると、迷惑じゃない？
・この豆太の行動には、さすがのじさまも怒るんじゃない？

③強気でゆさぶる

・いや〜、先生はBだと思うな
・絶対にAだと思うんだけど…。だってさ、心の時間なんて目に見えないし、聞いたことないよ

④「疑い」でゆさぶる

・本当に合っている？
・本当にその考えでみんな納得する？

⑤時間でゆさぶる

・この後、続きがあったらどうなる？
・はじめの「あおむしたち」と、何が変わったのかな？

このように、教師が一緒に悩むようにつぶやいたり、挑戦的な態度で子どもへゆさぶりをかけたりします。子どもの思考をゆさぶる視点を教師がもっておくことによって、自分の考えに満足していた子どもたちの学びのエンジンをかけるきっかけとなります。

05 子ども同士の考えをつなげる

机間指導には子ども同士の考えをつなげる「コーディネーター」としての役割があります。機能としては以下の点があげられます。

①意見を強化する
②意見を対立させる
③新しい考えを発見させる

子どもの学習状況を捉えたうえで、この3つの機能を意識して、子ども同士の考えをつなげる言葉かけを行います。そうすることによって、子どもたちは対話を重ね、子ども同士で考えを広げたり深めたりすることができます。

意見を強化する言葉かけとは、自力解決の時間をこれ以上増やしても、一人で考えを深めることは難しそうな時に活用します。

・AさんとBさん同じ考えのところを見つけてきてください
・Bさんと一緒にさらに短く説明して
・AさんとBさんの考え方にタイトルをつけて

このように、同じ考えをもつ子ども同士にミッションを与えることによって、協力して考えを深めていこうとすることができます。

意見を対立させる言葉かけとは、異なる意見をもつ子ども同士を結びつけることです。

・Bさんを納得させられるかな？
・Aさんの考えの根拠を探ってみて
・Bさんにアドバイスできる？

このような言葉かけをすることによって、自分の考えと照らし合わせながら他者と対話し、自分の考えを再構成することができます。

新しい考えを発見させるとは、友達の考えを参考に新しい視点に触れる機会を提供することです。私のクラスでは自力解決の場合でも、立ち歩きを許容しています。

・いいなと思った友達の考えを写しましょう。
・友達からもらった意見を赤鉛筆で増

やしていきましょう。

・友達はどんなことを書いている？

こんな言葉かけによって、自分の考えがもてず固まってしまっていた子どもたちも動き出すことができます。

06　学級の受容的な雰囲気を醸成する

子どもの学習意欲が高まるときは教室に受容的な雰囲気があります。受容的な雰囲気とは、

①自分の考えは大切にされる
②安心してチャレンジできる

といった２つの意識を子どもたちがもつことができる雰囲気です。

自分の考えは大切にされる、と子どもが感じるためには他者との「違い」を認め合うことから始まります。

・みんな違っているからみんないい
・違う意見との出合いは、新しい自分との出合い
・意見が違ったら成長するチャンス
・自分の考えはみんなの考え、みんなの考えは自分の考え

などの価値語を教師がつぶやき続けることによって、友達の考えを尊重し、自分の考えをもつことのできる子どもを育てることができます。

挑戦することができない子どもは、「失敗したらどうしよう」「失敗したくない」といった不安な気持ちをもっています。そこで、教師が日々の机間指導で粘り強く挑戦することの大切さをつぶやきます。

・失敗できるのは挑戦した人だけ
・挑戦してくれてありがとう
・失敗したり間違えたりするのが勉強

挑戦する言葉かけは「失敗しても大丈夫なんだ」という意識を子どもたちに潜在的にもたせ、失敗を歓迎する学習集団へと成長させていきます。

これらの言葉かけをしていくことによって、学級の受容的な雰囲気を醸成することができます。

以前、自分の考えを真似されたくないという子どもがいました。そんなとき、上述の「自分の考えはみんなの考え、みんなの考えは自分の考え」という言葉をクラスに植えつけました。すると、考えを真似されて怒っていた子どもは「先生、ぼくの意見が役に立ったみたい」と目を輝かせていました。

このことから、机間指導時の声掛けは安心した学びの場となり、学級集団で問題を解決していこうとする雰囲気を醸成することがわかります。

机間指導時の教師の観察力や声かけは、目の前にいる子どもたちを自己調整できる学習者へと育てます。

「子ども主体」の学びを支える 学習環境づくり

学習計画の立て方

鹿児島県公立小学校 浦元　康

Point 1

一単位時間の学習計画を視覚化

一単位時間の学習をみなさんはどのように構成していますか？

主体的な学びを子どもたちが展開していくためには、学習における見通しが必要になってきます。

そこで、左のような学習進行表を活用します。学習進行表には２つの大きなメリットがあります。

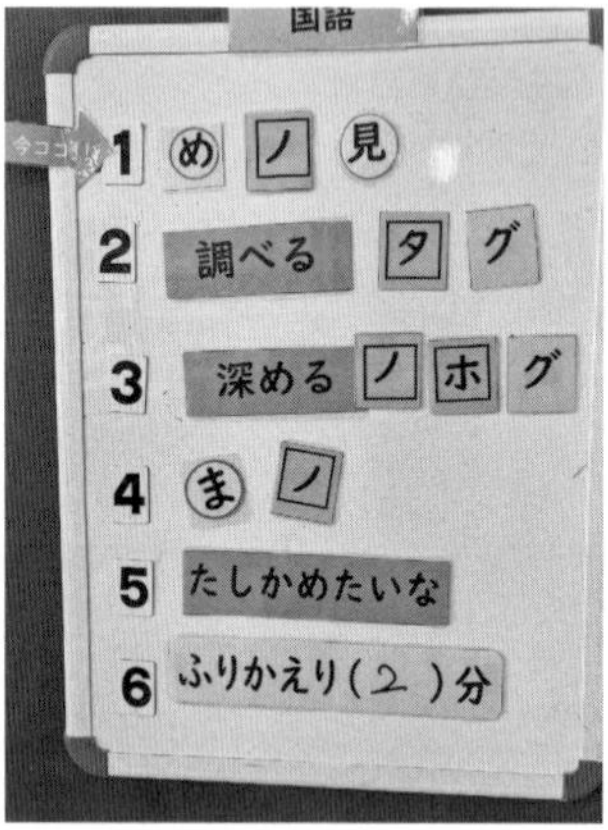

①学習の型ができあがり教材研究の時短になる。

②子どもが見通しをもち、安心して学習に取り組むことができる。

私が提案する学習進行表は以下の３つの要素から構成されています。

①主な学習内容
②学習の成果を発揮する場
③学習形態

この３つの視点を学習進行表に明示することは、教師の教材研究を焦点化し、また、子どもの学びの流れを視覚化することにつながります。

学習進行表を活用することによって子どもたちは安心して学習に取り組むことができます。

01 主な学習内容

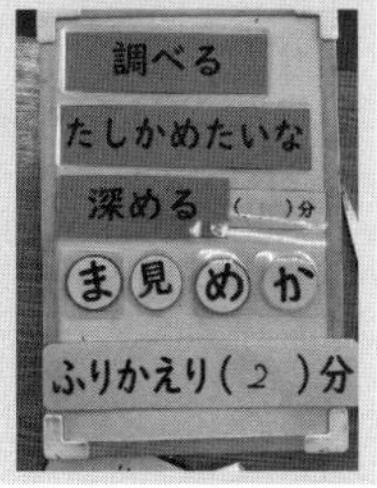

か…課題
見…見通し
め…めあて
ま…まとめ

学習活動を短冊にしておくことで
学習内容を一般化することができます！

02 学習の成果を発揮する場

ワ…ワークシート
教…教科書
タ…タブレット
ホ…ホワイトボード

「先生どこにやるんですか？」
という質問がなくなります
教師も落ち着いて指示を出すことができます

03 学習形態

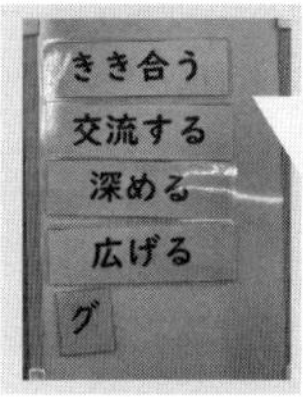

きき合う
交流する
深める（つくる）
広げる（出し合う）
グ…グループ

さまざまな学習形態があります
きき合う，交流する，深める（つくる），
広げる（出し合う）

収納方法

ダイソーでちょうどよい収納ボックスをみつけました!

カードの管理が心配という方は色・項目ごとに
分けて整理すると非常に使い勝手が良いです

Point 2

単元全体の学習計画を立てる

一単位だけではなく、単元全体を見通した学習計画を立てることによって子どもたちは目的意識をもって学習を進めることができます。

４年生社会科「自然災害からくらしを守る」の学習において、２０２３年は本県鹿児島県が８・６水害から30年という節目の年でありました。そこで、目的意識を高めるため、「全校児童に防災の大切さを発信する」という単元を貫く学習課題を設定しました。また、10月３日８時半に体育館で全校児童に発表することも伝え、ゴールイメージを明確にしました。

学習計画は学習内容を１つのストーリーとして「起承転結」で構成します。単元全体の学習の流れに沿って全校児童に発信できるというメリットを子どもたちと共有します。

とはいえ、学習計画を子どもたちにすべて任せるというのは、無理があります。そこで、教師が、学習計画のはじめの「疑問詞」を設定し、提示しておきます。疑問詞を設定することによって知識概念が段階化されます。

起の段階では、「いつ・どこで・何が？」といった疑問詞を設定することによって鹿児島の地理的状況や自然災害の様子を調べるといった「事実」概念を取得することができます。

承の段階では、「どのような？どのように？」といった疑問詞を設定することによって、水害を防ぐ取り組みについて調べることができます。これは、防災への「理解」を深めることができます。転の段階では、「なぜ？本当に？」といった疑問詞を設定することによって、今まで調べてきた学習内容を批判的に「考察」できます。この批判的思考の活用が学習計画の山場といってもよいです。批判的に見ることによって新たな考えを創造することができ、学びが深まります。

結の段階では、「どうすべき？」といった疑問詞を設定することによって、学習を実生活と関連づけ、水害を防ぐために自分たちがすべきことを「構想」することができます。

このような学習段階に応じた疑問詞を活用することによって子どもの思考に沿った学習計画を作成することができます。

段階	概念	発問例	学習内容
起	事実	鹿児島県で起きる自然災害の様子は？	水害の様子
承	理解	水害を防ぐためにどのような取り組みがあるのか？	水害を防ぐ取り組み
転	考察	なぜ，たくさんの取り組みをしているのに水害は起き続けるの？	なぜその取り組みをしているのか
結	構想	水害を防ぐために私たちがすべきことは？	自分達がすべきこと

Point 3 学習計画で学びを振り返る

学習計画において重要な役割の1つが、学びの振り返りとして活用できるということです。創出された子どもの振り返りを基に、掲示されている学習計画に記載します。

また、子ども自身も学習計画と同様の形式であるポートフォリオを持っているので、学習計画を自分事として捉えることができます。

ポートフォリオはA3のケント紙を折り曲げて活用しています。

①表紙

表紙には、はじめに8・6水害を見た学習の感想を書かせます。そして、単元終末に再度同じ動画を見ます。はじめの感想と比較することで単元全体を通した変容を自覚することができます。下部には【知識・技能】【思考・判断・表現】【主体的に学習に取り組む態度】における自己評価欄を記載してあります。自己評価を意識しながら学習を進めていくことができます。

②中面

ポートフォリオを開くと学習計画と同様の項目が記載されています。学習計画を意識しながら学びを蓄積できます。

また、学習内容を振り返るだけではなく、「心の天気」も示しています。社会科の授業では、資料が大量にあります。その中から、適切な資料を選び、粘り強く学習に取り組むことが大切です。学習方法を振り返ることによって学びにおける自己調整の手立てとなります。縦軸には、「粘り強さ」を評価する項目、横軸には「資料の選択」を評価する項目を設定しました。「心の天気」をポートフォリオに蓄積することによって、晴れの日ほど「問いのロケット」が的確に飛行していることをイメージしました。

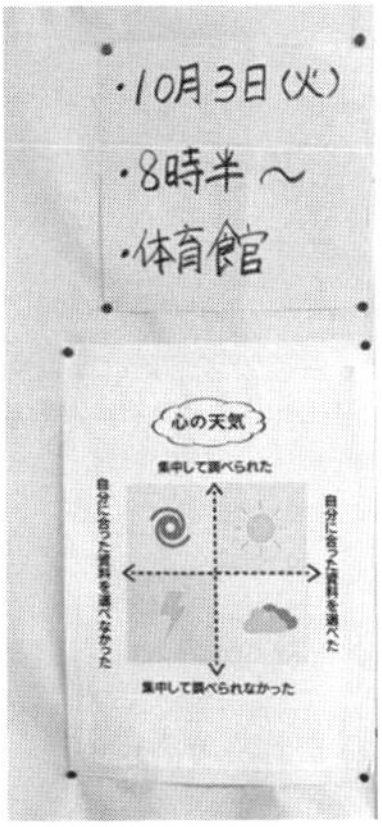

③裏面

裏面には、一単位時間の振り返りを記載していきます。問いや学びの連続性を認知しながら学習を進めることができます。

このように、子どもの思考段階をイメージした疑問詞を活用したり、掲示する学習計画とポートフォリオを一体化したりすることにより、学習計画は飾りではなく、自分の学びの軌跡として機能し出すのです。

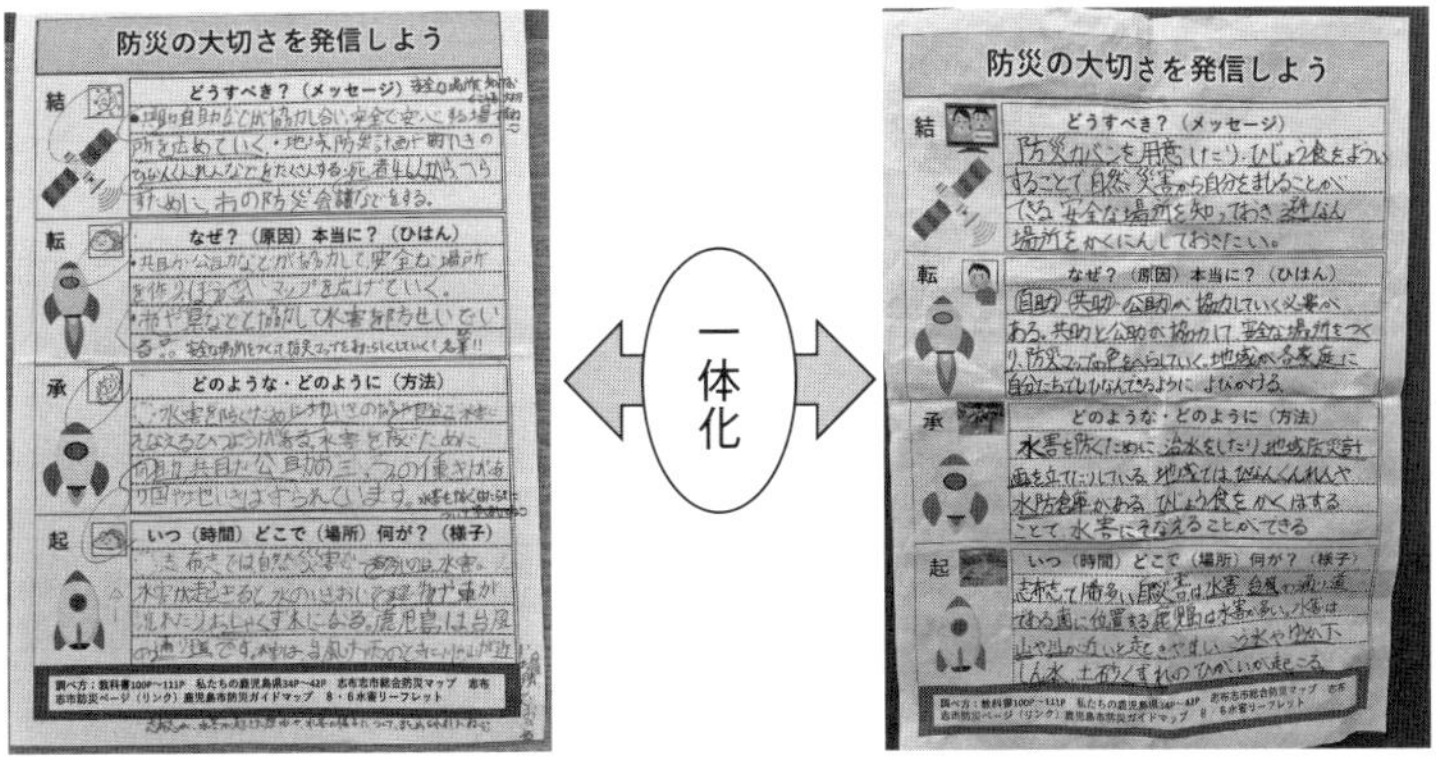

児童用ポートフォリオ中面　　掲示用学習計画

「子ども主体」の学びを支える学習環境づくり

話し方・聞き方

大阪府池田市立神田小学校　樋口　綾香

idea 1 国語の教科書を使いこなす

　学習の基盤である「言語能力」は、国語科を要に学びます。国語科の「話すこと」「聞くこと」「読むこと」「書くこと」の学習は、子どもたちの言語能力の向上において、大変重要な役割を果たします。

　そこで、国語の教科書をよく見てみましょう。

　まず、表紙を開くと扉の部分があり、どの教科書にも詩が掲載されています。1年間の学びをスタートさせるのにぴったりな、それぞれの発達段階に合った詩が掲載されていますが、私はこの詩を活用して「話すこと」「聞くこと」のおもしろさを感じられるような授業を国語の授業開きで行うようにしています。

　詩の楽しみ方は、幾通りもあり、その感じ方も人の数だけあります。詩の楽しみ方、感じ方に正解はないのです。そこで、クラスの子どもたち一人ひとりの感性で詩を読み、思ったことを話します。思ったことは、違って当たり前。だからこそ、聞く価値が生まれるということを学ぶのです。

　次に、目次を見ます。1年間を通して、話す力・聞く力を高めるためにどのような単元があるのかを把握します。すべての教科で重要になる言語能力を高めるために、国語科で重要な単元であることを意識させ、1年間を通して自分の力を高めていくイメージをもたせます。

　最後に、教科書の裏表紙の手前のページを開きます。そこには、1年間で学ぶ国語の力や、語彙を増やすための語句や、1年間で学ぶ漢字などがまとめて書かれています。「1年を終えるときに、漢字や語句を自分で使いこなせるようになっていようね」と確認しておくとよいでしょう。

idea 2 反応あいうえお

温かい雰囲気で話を聞き合うには、どうすればよいのでしょうか。

まず、教師が何か大切な話を子どもたちにします。話し終えた後に、「どきどきしたけど、みんなが真剣に聞いてくれたから、ほっとしたよ」と、話し終えて安心している気持ちを伝えます。

「人前で話すことが多い先生でも、緊張するのだ」ということを子どもたちに理解してもらうことで、「クラスの中にも緊張して話ができない子がいるかもしれない」と想像を働かせられるようにします。

主体性を高めて話し合うためには、他者の心理状態を想像したり意見を予想したりして、話し合いが活発になるように話題を展開させる力が必要です。話すことや聞くことにおいて、一人ひとりの能力や感じ方の違いを知っていると、安心して話し合える雰囲気をつくろうと自分から寄り添うことができます。

そして、「反応あいうえお」を提示します。

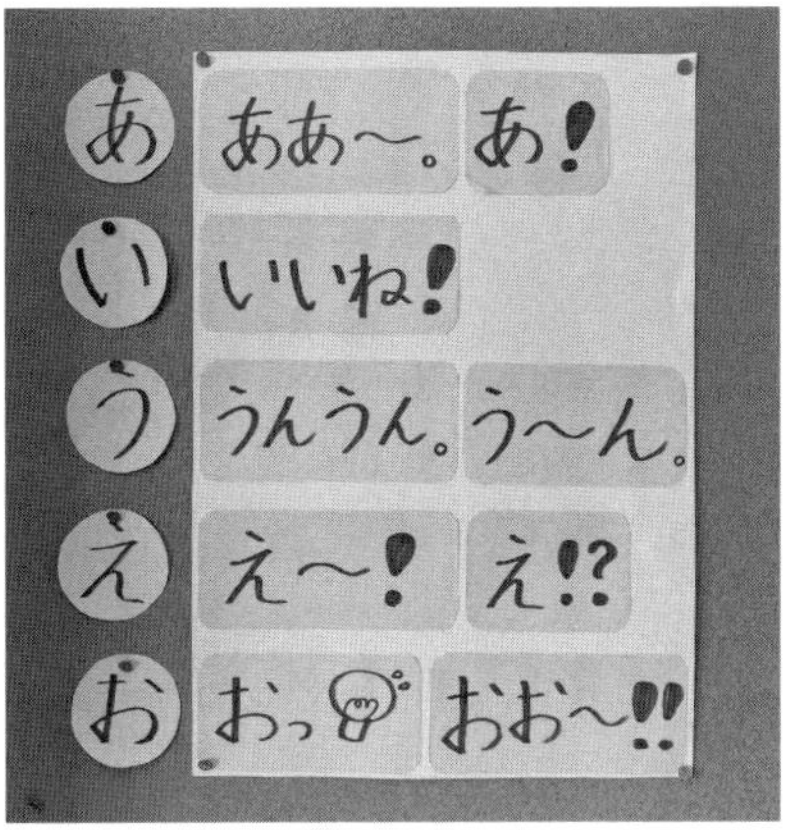

子どもたちと一緒に、声をそろえて読んでみると、自然と笑いが起きたり、

表情がころころと変わったりします。聞き手が無表情だとどんな感じがするかを試すと、さらに「反応あいうえお」のよさを感じることができるでしょう。

idea 3 動画を見て、よい話し方・聞き方を考える

話す力、聞く力を高めていくためには、どのような話し方・聞き方がよいかという基準を、子どもと教師が共通理解しておくことが大切です。そのために、私は、タブレットで撮影した動画を活用しています。

国語の「話すこと・聞くこと」の単元で、子どもたちが話し合いをしている場面を動画で撮影しておきます。

話し合いが終わった後、子どもたちに、

「自分たちの話し合いはどうだった?」と、尋ねます。子どもたちは、上手にできた、話をうまくつなげられなかった等、主観的な自己評価をするでしょう。学年が上がるにつれ、自分への見方が厳しくなり、うまくいかなかったところばかり探してしまいがちです。これは、子どもたちの主体性を奪ってしまう原因にもなりかねません。

そこで、先に撮影しておいた動画を電子黒板などに映し、みんなで話し合いをしている様子を観察します。

「気づいたことはある?」と尋ねると、うなずいていたのがよい、笑顔の人がいた、下を向いていた等、自己評価や他者評価をします。客観的に確認できるので、教師からの評価や助言を受け入れやすくなる効果もあります。

自分たちの話している姿、聞いている姿を観察するということを経験していない子どもは意外と多いです。「話し方・聞き方のポイント」などを一方的に説明して掲示するのではなく、動画で確認するだけで、俯瞰的に自分を見たり、他者と比べたりするので、理想の話し方や聞き方を具体的にイメージできるでしょう。

話し方

①話す内容や相手に合わせて、**声の大きさ**や**速さ**を工夫する。
②**大事なことは何か**を考えて話す。
③**聞き手を見て、**様子を確かめる。
④**声の調子**や**強弱**などを工夫する。

聞き方

①**大事なことを落とさずに**聞く。
②聞いたことを、**短い言葉でメモ**する。
③**話し手を見ながら**聞く。
④どう**質問する**とよいかを考える。

idea 4

話し合う力　レベル表

国語の「話すこと・聞くこと」の単元では、「話す力」「聞く力」と「話し合う力」のどちらを高める単元なのかを意識して、授業づくりができているでしょうか。「話す力」と「話し合う力」を区別していない授業をよく目にします。

教室でも同じことが言えます。「話し方名人」や「聞き方名人」の掲示はあっても、「話し合い方名人」の掲示はない、なんてことも。

掲示をするのは、常に子どもたちに意識することを促し、日々の授業の中で身につけてほしいという教育的意図があるからだと思います。国語だけでなく、どの授業においても、話すこと、聞くこと、話し合うことは行われているため、「話し合う力」を高める方法を書いた掲示物をつくります。

「話し合う力」の掲示をつくるときには、国語の学習指導要領や教科書会社のサイトにある領域別単元一覧表を参考にするのがおすすめです。

例えば、東京書籍の令和2年度版国語教科書では、次のような流れで「話し合う力」を高めるよう設定されています。

1年　はなしをたのしくつなぐ
2年　ことばをつないで話し合う
3年　司会の進行にそって話し合う
4年　役わりを考えながら話し合う
5年　意図を明確にしながら計画的に話し合う
6年　立場を明確にしながら話し合う

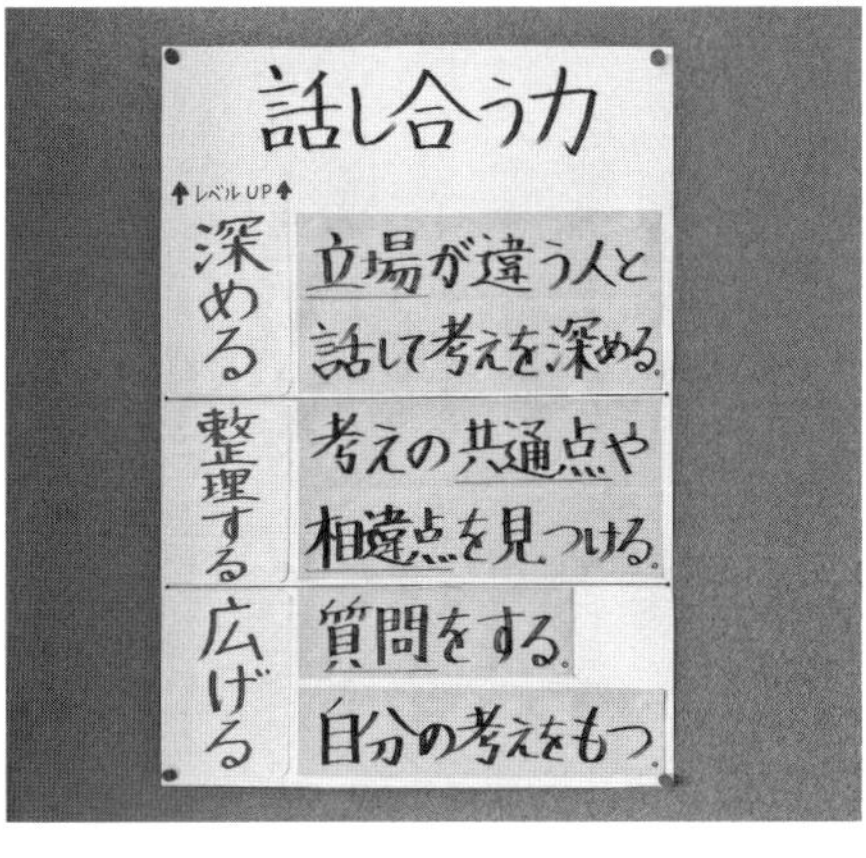

広がりや深まりがある話し合いにするためには、よい話し方や聞き方を身につけておくことはもちろん、より広い視野で話し合いを捉える力が必要です。子どもたちが様々な授業で話し合いをするときに、事前に右の「話し合う力」表を示して、どの目的を意識するとよいかを考えさせると、活発な話し合いにつながるでしょう。

「子ども主体」の学びを支える
学習環境づくり

ICT活用

岡山県倉敷市立倉敷西小学校　的場　功基

idea 1 自由に接続できる環境を整備する

1人1台端末が整備されて以降、多くの教室で子どもたちがプレゼンテーション資料を作成する光景が見られるようになりました。しかし、それを自由に表現できる環境の整備はどうでしょうか。

想像してみてください。子どもたちが自分の端末をつないで教室の画面に映し出し、試行錯誤を繰り返しながら、プレゼンテーションを洗練させていく過程を。

重要なのは、「子どもたちが自由に」接続できる環境です。無線でも有線でも構いませんが、子どもたちと接続方法を共有しておきましょう。1つ注意が必要なのは、接続ケーブルによっては音声が出力されない場合があることです。新しく購入する際は、必ずご確認ください。

プレゼンテーションでは、端末の小さな画面と接続後の大きな画面で見え方が異なります。色合いや全体のバランスなど、「自分自身が思っていたデザインとは違った…」と気づくことも多いです。また、端末の画面だけでは、どうしても原稿を読むことに偏りがちですが、接続して相手がいる状況では、それに頼ることはできません。雰囲気や緊張感が「相手意識」をより高めるのです。

プレゼンテーション資料を作成するCanvaなどの優れたアプリのおかげで、デザイン性は格段に向上しています。重要なのは、これらのツールを使って聞き手とどのように会話し、どう行動を促すかです。これにより、真のプレゼンテーション能力が養われます。

プレゼンテーションに限らず、クイズ大会や動画の発表会など、子どもたちが主体となって行う様々な活動にもこの環境は応用可能です。教室の画面に、教師の端末だけを接続するという概念を超えていきましょう。

idea 2　モニターとクラウドを活用してリアルタイムで共有する

職員室でよく見かける大型モニター。様々な情報を全職員で共有するうえで非常に便利です。

そこで、教室でも同じような環境をつくってみませんか？　連絡事項や予定、子どもたちの学びの足跡などを、リアルタイムで共有することができます。さらに、教室内のホワイトボードや黒板などに分散している情報を、一箇所にまとめることも可能になります。

出力専用のモニターは数千円で購入することができ、その効果を考えれば、コストパフォーマンスは非常に高いと言えます。

モニターに表示する際のキーポイントは「クラウドの活用」です。もし、モニターに接続している端末からしか編集できない場合は、効果が低下します。いつでもどこでもどの端末からでも編集可能で、それがリアルタイムで表示される仕組みを構築しましょう。これにより、急な連絡事項などもすぐに追記することができます。

私はモニターにPadletというアプリを表示していることが多いです。これは子どもたちの端末からでも編集可能となっています。例えば、家庭でタイピングの新記録が出た際、その場で自分の端末からPadletを編集することで、教室のモニターも自動で更新されます。子どもたちが情報を随時更新するため、教師の負担も軽減されます。

子どもたちの端末からでも利用できるため、教室にモニターを設置する必要性に疑問を感じるかもしれません。しかし、モニターがあることで情報が目に入りやすくなり、教室での情報共有がよりスムーズになると実感しています。

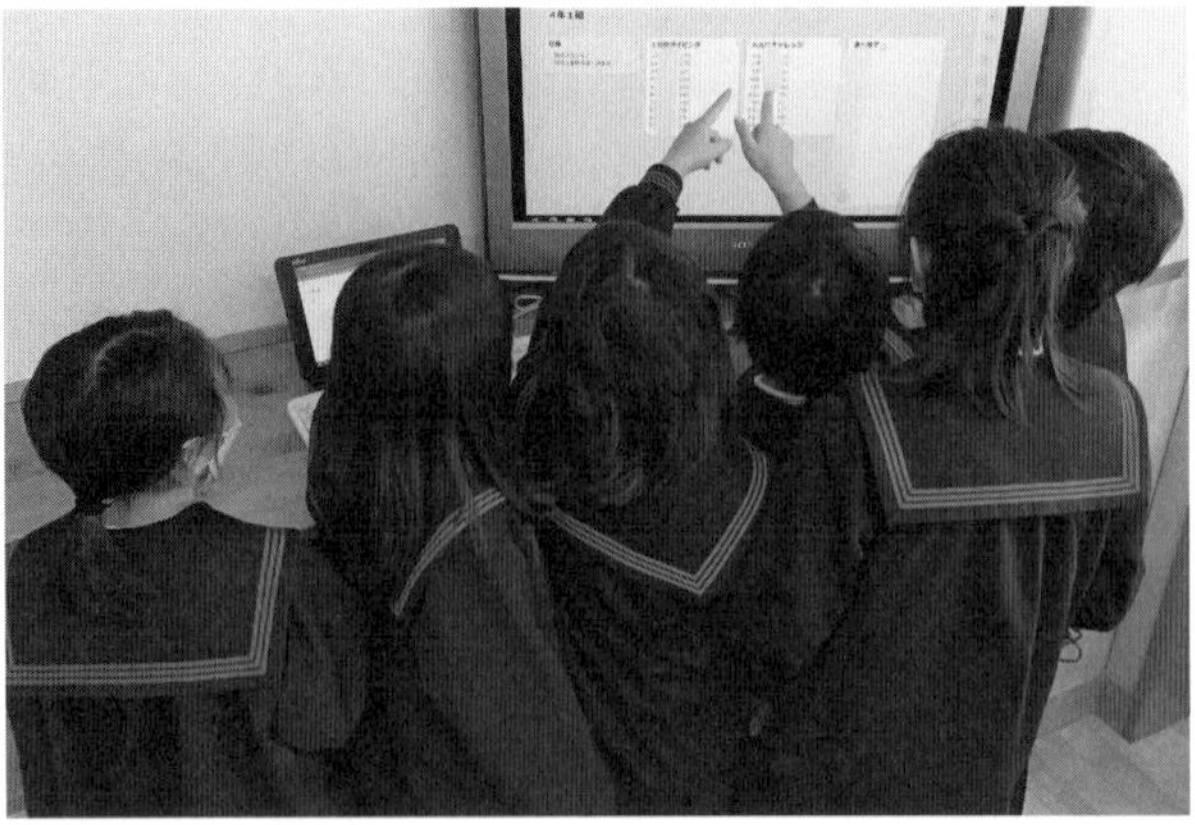

常に誰かとつながることが可能な現代社会。ＳＮＳはその代表的な例です。子どもたちにとっての危険を理由に禁止するべきかという問いもありますが、私はそれをチャンスと捉えています。これからの時代に必要なリテラシーを学ぶ貴重な機会だと感じています。では、どうすれば教室で子どもたちにこのリテラシーを身につけさせることができるでしょうか。

それは、ＩＣＴを活用した教室外との日常的なつながりを積極的につくることです。例えば、私の学級では先ほど紹介したPadletを使用し、県内の他の学校と日常的に交流しています。子どもたちは、学校や家庭から日常の出来事や授業の成果物などを投稿し、互いにコメントを交わしています。また、そこからオンライン交流会にも発展しています。

このような交流には、当然課題も伴います。それこそが学びのチャンスです。文字だけでは相手の感情を読み取りにくいことや、一度投稿したものは消去できないという現実（デジタルタトゥー）など、これらを実際に体験することは、子どもたちにとって非常に価値があります。生きたデジタルシティズンシップを育む一環です。

子どもたちを危険から遠ざけるのではなく、失敗を経験しながら学ぶことができる環境をつくりましょう。このような経験こそが、将来役立つ本当のスキルに変わっていくと思います。私たちの役割は、子どもたちが新しい時代に求められるスキルを安全かつ積極的に身につけることができるようにすることです。危険を理由に禁止・制限を強めることではありません。

idea 4

いつでも端末を活用できる環境をつくる

「いつでも、どこでも」端末活用を可能にするための重要なアイテムが、端末用のケースです。端末を使っていないときの保管に便利で、教室に設置されている保管庫への出し入れが必要ありません。例えば給食の時間には、子どもたちは端末をこのケースに入れ、机の横に掛けておくことができます。さらに、学校から家への持ち帰りの際、このケースがクッションとして端末を守ってくれます。また、学校内を移動するときにも、持ち運びに便利です。

このケースの中にはマイク付きイヤホンを常備しておくことをお勧めします。100円ショップでも入手可能です。動画からのインプットや音声によるアウトプットが増えている教育現場において、マイク付きイヤホンは必須アイテムとなっています。

このように、端末用のケースとマイク付きイヤホンは、子どもたちの学びをサポートするための小さいながらも重要なアイテムです。これらを活用することで、学校での端末活用がより柔軟かつ効果的になります。

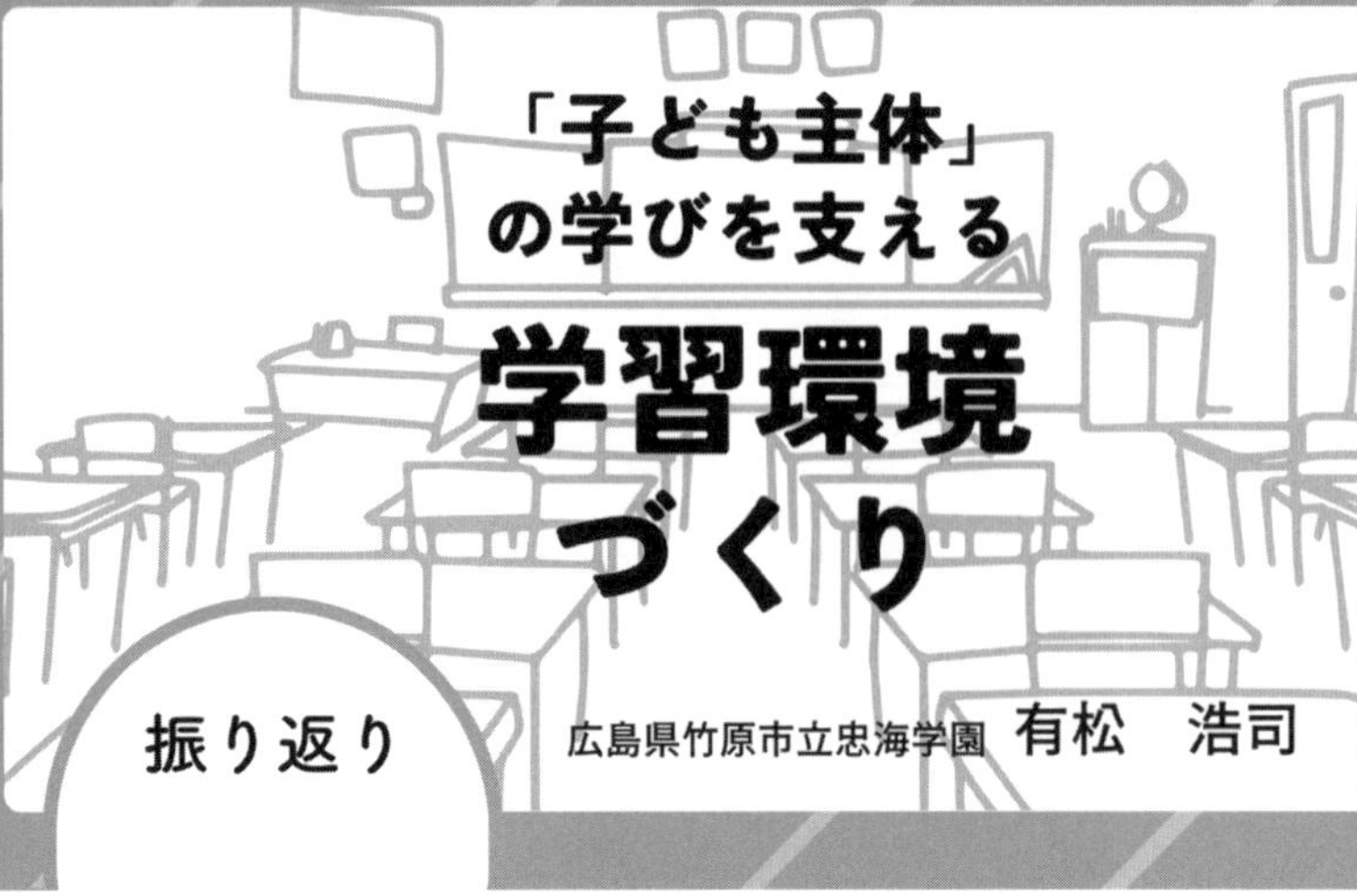

「子ども主体」の学びを支える
学習環境づくり

振り返り

広島県竹原市立忠海学園　有松　浩司

idea 1 振り返りの書き方のパターンを示す

　主体的な学びを実現するうえで、振り返りの時間は欠かせません。1時間もしくは1単元の中で、何をどのように学び、何ができるようになったのかなど、自分自身の学びの過程や変容を自覚できる場面をもたせることは、主体的な学びを生み出すうえで、とりわけ重要になります。

　授業の最後の数分間を、振り返りを書く時間に当てている学校も多いと思います。こうした学習の積み上げがある学校であれば何も問題ありませんが、そうでなければ、いきなり「振り返りを書きましょう」と子どもたちに指示しても、そううまくいくものではありません。何を書けばよいのかわからず困惑する子や「○○ということがわかりました」と学習内容のみの記述に終始してしまう子が次々と現れるでしょう。そこで、振り返りの場面を充実させる手立てとして、最も基本となるのが、書き方のパターンを示すという方法です。

　4月当初、どの教科も授業内容をやや少なめにし、振り返りを書く時間を後半に10分程度確保します。少し長いと感じられるかもしれませんが、最初の1時間だけでも、こうした時間を丁寧にもつことが、今後の1年間を大きく左右します。

　振り返りの基本として、次の3つを最低限書くように子どもたちに指示します。

①この授業で何を学んだか（わかったこと、できるようになったことなど）
②この授業で何を考えたか（感想や意見、疑問など）

③次にがんばりたいことは何か（やってみたい、調べてみたいこと）

もちろん振り返りの内容はこれだけではありませんが、最初の段階としては、この3つで十分だと思います。この3つについては、左のようにスライドで提示するとともに、印刷・ラミネートして、教室に掲示します。

ふりかえりの書き方（基本）

①授業で学んだこと・できるようになったこと
「今日は・・・の勉強をしました。わたしは・・・ということが分かりました。」

「今日は・・・の練習をしました。 わたしは・・・ができるようになりました。」

②授業で考えたこと（感想・疑問・意見など）
「わたしは、・・・がすごいと思いました。その理由は、・・・だからです。」

「わたしは、どうして・・・だろうと思いました。わたしの予想は・・・です。」

「わたしは、〇〇くんの発表を聞いて、なるほどと思いました。その理由は・・・だからです。」

③次にがんばりたいこと
「わたしは、・・・がもっとできるように、次も・・・をがんばろうと思います。」

「わたしは、・・・について、自主学習でもっと調べてみようと思います。」


基本となる振り返りの書き方を掲示。

学年・実態に応じたものを作成する。

idea 2
子どもたちと一緒にパターンを増やす

アイデア1で示したように、基本となるパターンを示して振り返りを書かせれば、1か月も経たないうちに、振り返りを書くことが子どもたちの中に定着していきます。しかし、そのまま次のアプローチをしなければ、その活動はマンネリ化し、次第に子どもたちの振り返りを書く意欲も低下していくでしょう。そこで大切なのが、子どもたちのちょっとした変化を基に、新しいパターンを一緒につくり上げていくという方法です。

例えば、以前担任したクラスの中に、最初に示したパターンを基本としつつも、他の学習内容と比較・関連づけながら振り返りを書いた子がいました。6年生の社会科の歴史学習でのことですが、次のような記述が見られたのです。

> 今日は、弥生時代の人々の生活について勉強しました。弥生時代は、米づくりが中心で、そのための倉庫や道具がつくられていたことがわかりました。縄文時代と比べると食べ物が安定しているけど、身分の差や争いが起きるようになりました。ぼくは、弥生時代よりも縄文時代の方が人々は幸せだったような気がします。

私は早速この振り返りを他の子にも紹介し、どのような点がよいかを考えさせました。他の子どもたちから「別の時代と関連させて考えているのがすごい」という意見が出てきたので、早速この方式を「〇〇君方式」と名づけ、教室内に掲示しました。すると、次の時間から、すでに学習した他の時代と関連させながら、振り返りを書こうとする姿が多くの子に見られるようになりました。

これはほんの一例にすぎませんが、日々振り返りを書かせていると、子どもたちの「おっ！」と思える姿に出合えるものです。そのチャンスを見逃さず、掲示等を通して、全体に広げていく。そうすれば、ワンパターンに陥ることなく、日々の振り返りを充実させていくことができると考えます。

idea 3 子どもたちの振り返りを掲示する

アイデア1、アイデア2によって書かせた振り返りを、そのまま掲示するのもおすすめです。他の子がどのような振り返りを書いているかについては、当然だれもが気になるところです。掲示しているだけで、日々子どもたちは、そこからたくさんのことを学びます。時には授業中であっても、「先生、友だちの振り返りをちょっと見てきてもいいですか」という声が聞かれるようになります。そのために掲示しているわけですから、当然「いいですよ。どんどん参考にしてください」と返答するようにしています。

なお、この子どもたちの振り返りを掲示する方法は大きく分けて2つあります。

1つ目は、ノート（もしくはワークシート）をコピーして掲示するという方法です。毎回コピーをとるのは大変ですから、数時間に1回程度でよいと思います。全員分のクリアケースを用意し、コピーした振り返りを次々と入れて掲示する方法もおすすめです。

2つ目は、マグネットクリップを使って、ノートをそのまま掲示するという方法です。授業が終わり、子どもの振り返りをチェックすると、すぐさまそのノートをマグネットクリップで貼りつけます。次にその教科の時間になったときには、それを剥がして、本人に返却します。これだとコピーの必要もなく、少ない労力で実施できます。マグネットクリップは百均などのお店で安価に購入できるので、ぜひ探してみてください。

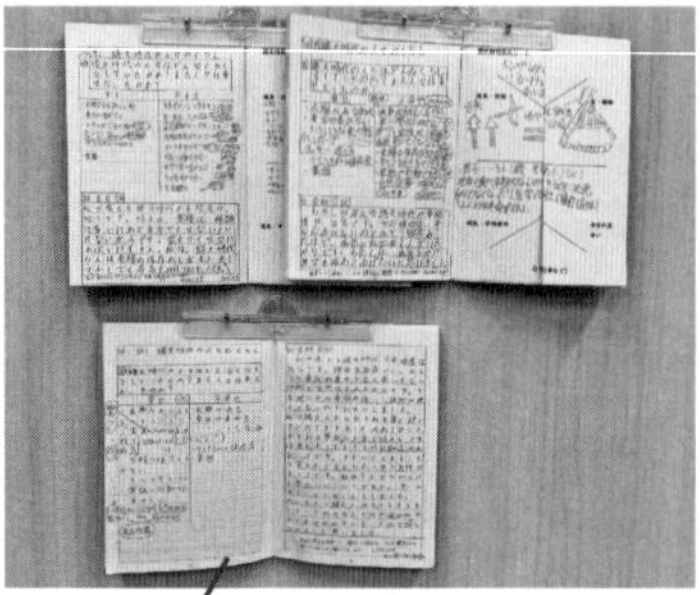

マグネットクリップによる掲示。手軽でおすすめ。

idea 4
単元全体の振り返りを作品化する

最後に紹介するのは、振り返りそのものを作品化し、掲示するという方法です。振り返りには、1時間ごとの振り返りと、単元全体を通しての振り返りがあると思います。後者の単元全体を通しての振り返りは、もちろんノートに書かせてもかまいませんが、その単元の集大成ですから、ぜひとも1つの作品として掲示してみてはいかがでしょうか。

単元全体の振り返りを作品化する方法としては、以下のようなものがあげられます。

例① 物語の解説文（国語科）

例えば国語科で物語文を学習した際、毎時間書いた振り返りを基に、最終的に「解説文を書く」という形で学習を締めくくります。物語の内容だけでなく、自分の解釈、感想等も入れて文章化します。

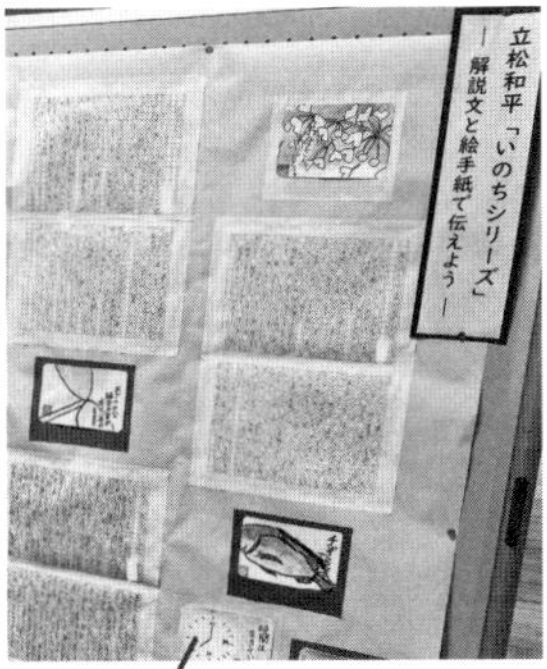

物語の解説文を掲示

例② 社会科新聞

社会科で学習した内容をそのまま新聞にします。基本的には事実を書き、社説で自分の意見を述べます。

例③ 算数レポート、理科レポート

算数科や理科で学んだことをそのままレポートにします。図や計算、表などもどんどん活用させます。最後は単元全体を通して学んだことや感想、新たな疑問などを記述させます。

例④ 家庭科レシピカード

家庭科で調理実習を行った際、完成した料理を写真に撮り、カードに貼りつけたうえで、自己評価を行わせます。つくった料理の紹介と振り返りを兼ね、掲示物にもなるおすすめの方法です。

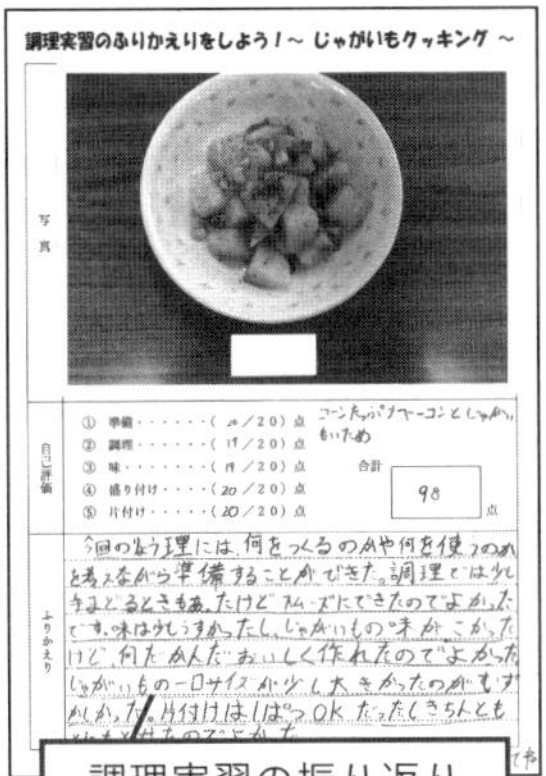

調理実習の振り返り

いくつか例をあげて示しましたが、どれも用紙をあまりに大きくすると、教師・子ども双方に負担がかかります。B5もしくはA4サイズぐらいで、コンパクトに作成すれば、無理なく続けられるでしょう。余裕があればぜひ取り組んでみてください。

小学校

「子ども主体」で進める
自由進度学習のデザイン

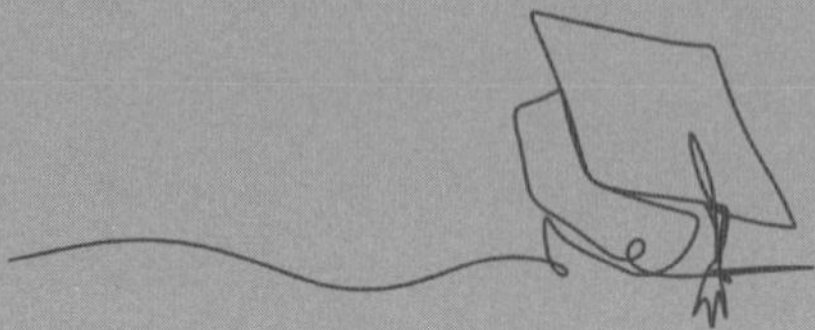

北海道札幌市公立小学校
難波　駿

1　自由進度学習を取り入れよう

自由進度学習とは、授業の「進度」を、子どもたち一人ひとりに委ね、各自が自分に最適だと考える学習計画を考え、自らの判断と責任で「自由」に「学習」する教育的アプローチです。

子どもたち、保護者、そして私たち教員も「みんなで一緒に進む授業」に、安心感を覚えます。当然、「みんなで一緒に進む授業」がよい方向に作用する場合もあります。しかし、35人近い子どもがいる教室には「みんなで一緒に進む授業」が困難な子どもたちもいます。1人1台端末も導入されて早2年、子どもたち一人ひとりの現状の力と特性を把握し、個々のペースに合わせた自由進度学習が、将来的に浸透していく授業手法の選択肢の1つとして、考えられます。

2　漢字学習に年間を通して取り組む

子どもは「みんなで一緒に進む授業」に慣れ親しんでいます。勝手に進むことに躊躇する子もいれば、1人だけ遅れることが不安な子もいます。そこで、自分のペースで学ぶ心地よさを認識する第一歩として、漢字学習を軸として取り組むことをお勧めします。

漢字学習は、個人差が大きい学習領域の1つだと、現場にいながら強く感じています。週に一度、指定範囲の漢字小テストを実施している学校は多いと思います。子どもたちの実態は、大きく異なります。

・練習を全くしないで満点のAさん
・前日にお母さんと1時間練習して、満点のBさん
・前日に1人で1時間練習して、60点のCさん

・練習を全くしないで60点のDさん

このように、漢字学習は、35人の子どもがいれば、35通りの状況と課題が存在します。

現時点での力も課題もバラバラの漢字学習を、**4月から3月まで、ずっと「みんなで一緒に進む」のは、仕組みに無理があるように感じます。**

自由進度学習が導入された学級の場合、ある子の漢字学習の年間学習計画は下図のイメージのようになります。

一斉指導の時期に大切にしている関わりや、子どもたちの価値づけは、拙著『超具体！　自由進度学習はじめの1歩』のp66～に書いていますので、参考にしてください。

6月になり、子どもたちに「漢字を学ぶ熱量」と「漢字の学び方の基礎基本の力」の浸透を感じたら、漢字の自由進度学習を取り入れていきます。

漢字の自由進度学習を小学3年生の教室で実践したときの授業の進め方は、以下の手順です。

①国語の最初の10分を基礎トレーニングの時間として毎日確保

②最初の2分間は、当該学年の全漢字を音読

③次の5分間は、個人の進度に合わせて漢字を学習

④金曜日には10問ずつの小テストを受ける(あかねこ漢字スキルを使用中)

⑤テストは1問10点で、熟語も書けたら+10点。最高得点は200点

⑥テスト時間内にできるのであれば、テストを2枚受けるのも可

⑦前週の再テストを受けるのも可

⑧漢字が苦手な子は最低限の進度を守りながら再テストを受けたり、学習を続けたりする

⑨進度が早い子たちは、2周目や3周目に進んだり、漢字ランダムテストに備えたりと、学習を重ねる

※詳細は本記事では割愛しますが、音読の鍛錬もここに入っています。

なぜこのような進め方にしているのか、次のページで説明します。

漢字の自由進度学習時の学習計画（個別化）

6年生で習う漢字	6月				7月				9月			
	1週	2週	3週	4週	1週	2週	3週	4週	1週	2週	3週	4週
新出漢字1～10	■											
新出漢字11～20	■	■										
新出漢字21～30			■	■								
新出漢字31～40				■	■							

ある子の漢字の年間学習計画

国語の10分間の基礎トレーニング	6月1週～7月2週					
	1stage	2stage	3stage	4stage	5stage	6stage
漢字の力 テスト第1回～第6回	90 再100	100	90 再100	100	100	90 再100
熟語力・語彙力 漢字テスト「+α」	70 再90	100	100	100	80 再100	100
音読の力 『すがたをかえる大豆』	友だちからの合格 ☑			先生からの合格 □		

期限の間，どんどん進んでもいいし，再テストをしてもOK

3 子どもはどのステージにいるのか

自由進度学習を行う中で、教師は子どもたちがどの段階にいるのかを見極める必要があります。自己評価、相互評価、そして教師のフィードバックの3観点から、今いるステージを学習者本人が認識できるようサポートします。

土居正博氏は『漢字指導法』の中で、子どもたちは6段階のステージを経て漢字を習得すると言及しています。

ステージ1…漢字に「見慣れる」段階
ステージ2…漢字が「読める」段階
ステージ3…漢字の「大体の形が分かり、書ける」段階
ステージ4…漢字の「正確な形が分かり、書ける」段階
ステージ5…漢字の「様々な使い方が分かる」段階
ステージ6…自分が作文で書くときなどに「自在に使いこなせる」段階

6段階のステージを考慮に入れ、自由進度学習の教育的アプローチが、漢字学習にどのような効果を与えるかについて説明していきます。

❶漢字が苦手な子は最初のステージである「見慣れる」段階に時間をかける必要があります。漢字が苦手な子は、とにかく自信がありません。「確かこんな形だった気がするな」という感覚をもてることが重要です。全漢字の音読時間を授業時間内に確保することにより、「見慣れる」ステージをクラス全員が乗り越えられるような仕組みを構築しています。強固な基盤があれば、漢字学習が安定します。

❷漢字学習の中間層から得意な層の子どもたちの多くは、ステージ4である「正確な形が分かり、書ける」段階で留まっていますが、ステージ4にいることが「漢字が得意」だと思い込んでいます。土居氏は、ステージ4までは「文字学習」の段階であり、その先こそ、「語彙学習」の段階であると言及しています。

　どんどん進める子どもたちにはステージ4を軽々とクリアして、5、6のステージに進むよう奨励しましょう。

　おすすめは、テストのときに、新出の漢字を使った熟語を書いたり、言ったりするよう促すことです。

　先日も6年生で「劇」という漢字のテストがありました。私は丸つけをしながら、子どもに尋ねます。

T：劇を使った熟語は言える？

C：劇場や劇団です。そういえば劇団のミュージカルを先週見ました。

T：すばらしい！（丸つけ終了、返却）

　このように、定期的な漢字テストで常に高得点を取る子たちには、ステージ4で留まらずに、5と6のステージに突き抜けるように語り続けます。

　自由進度学習にすることで、週の前半はステージ4までの学びをして、週の後半には5、6のステージの学びに時間を分配する子も現れてきます。

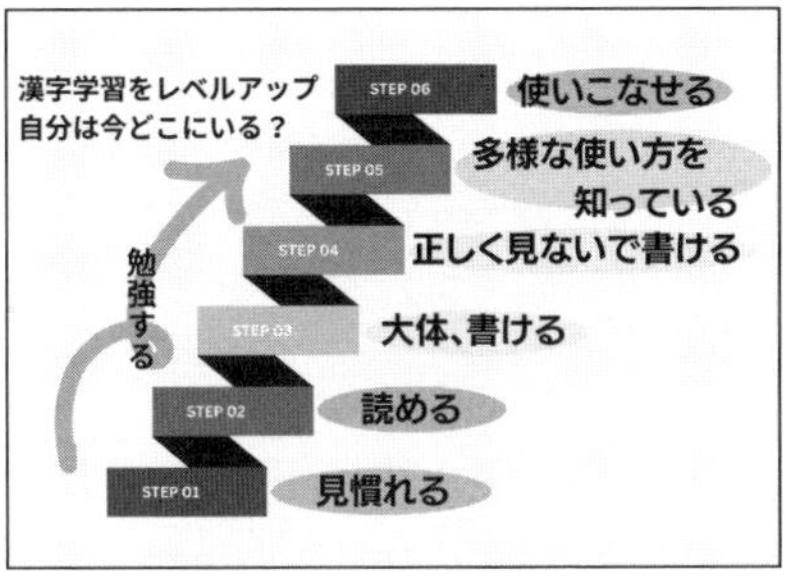

教室掲示の漢字のステージ

4 段階的な算数の自由進度学習

　漢字学習に続いて、自由進度学習の効果が高い分野の1つが、算数です。

　算数の授業においても、「みんなで一緒に進む授業」が難しい場面が多いと感じます。例えば、テスト前の「単元のまとめ」の時間、子どもたちの様子はどうでしょうか。教科書をそのまま活用すると「まとめ問題のページ」は左の図のような構成が多いと思います。

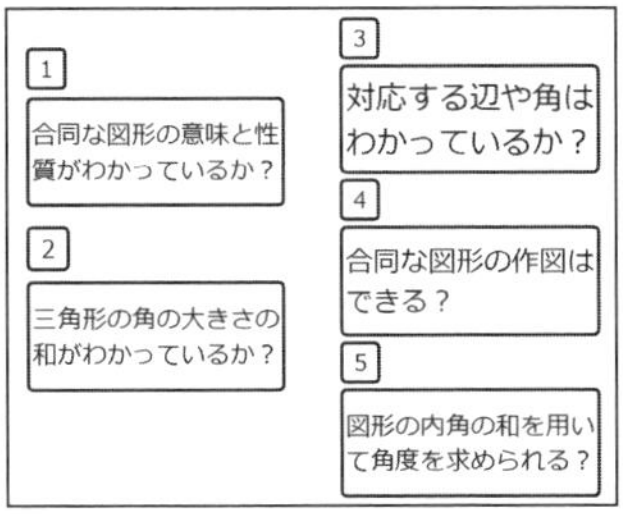

単元末の教科書構成例

全部で大問が5つあるので、45分授業の中でみんなで一緒に取り組もうとすれば、1問に8分程度でしょうか。教師が全て指示をして、考えて、解説をするパターンもあれば、解き終わった人から教師のところに持ってきて丸つけするパターンもあるでしょう。

私も以前はこのような方式でしたが、実は解決できていない部分も多いやり方でもあると感じています。特に、算数が苦手な子にとって、非常に生産性が低い時間となっています。仮に、大問の1番を解く時間を8分確保したとしても、理解できないままに時間が経過し、「わからない」から「わかる」に変わることはないままテスト前の時間が終わり、不安を抱えてテストに臨むことになっています。教師の解説を聞いても1人でできるようにはなりません。

5 テスト前の時間を自由進度学習に

自由進度学習を、最後の1時間に取り入れてみましょう。従来の方法の順番に前から全員が解く方式ではなく、子どもたちが学習計画を立てて、テスト前の最後の1時間を自分で進めます。

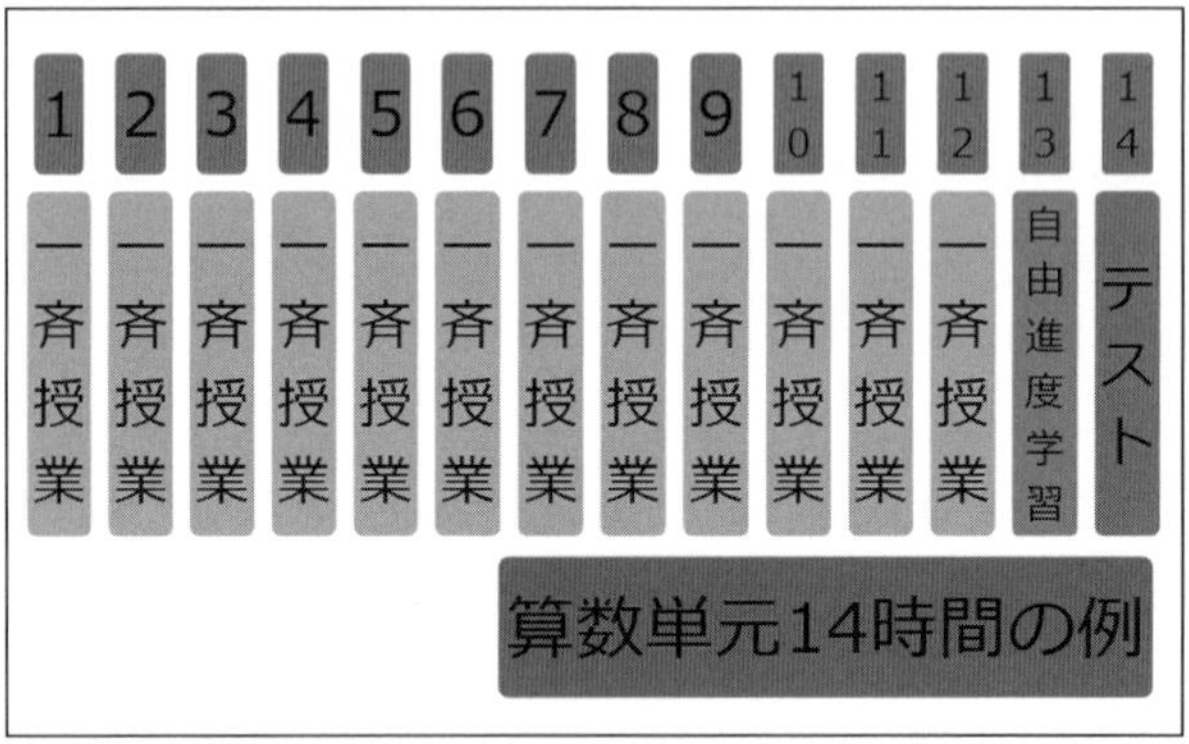

まずは，「単元まとめの時間」を任せてみる

・どの順番でやるのか？
・どの問題をやるのか？
・どの箇所につまずいているのか？
・全部できるなら、どうするのか？

自分で考え、学びを進めていきます。まとめの1時間の合言葉は**「『わからない』を『わかる』へ。『できない』を『できる』へ。1つでも」**です。

このようなアプローチを毎単元の最後の1時間に根気強く続けていれば、着実に「学ぶ力」が育まれます。学ぶ力、つまり学力が高いといえば、テストの点数が高いことを思い浮かべる子どもが多いでしょう。しかし、大人の視点から、計画を立てる力、自己調整する力、粘り強さ、協力する力も全て「学力（学ぶ力）」であると伝え続けていきましょう。自由進度学習で得た学力は生涯役立つことでしょう。

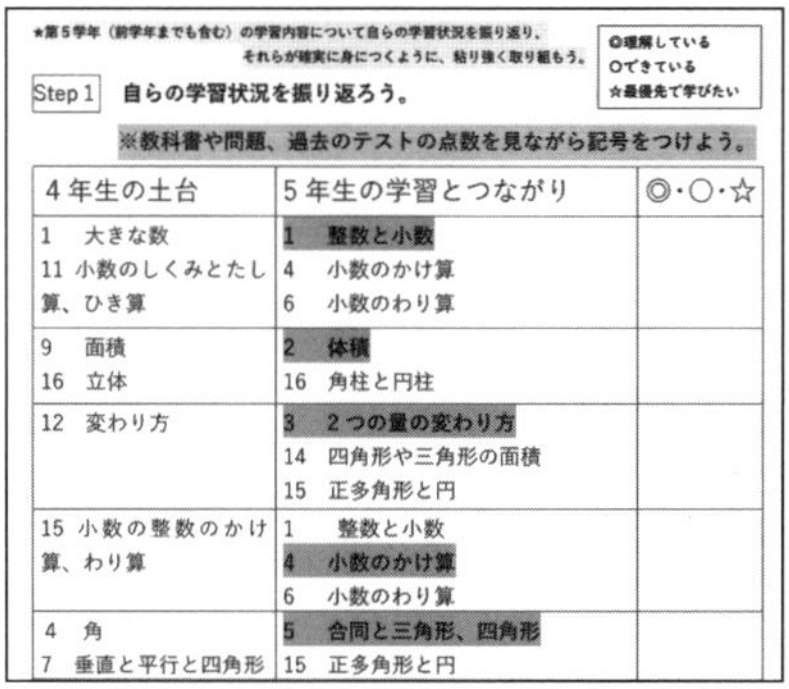
★第５学年（前学年までも含む）の学習内容について自らの学習状況を振り返り、
それらが確実に身につくように、粘り強く取り組もう。

◎理解している
○できている
☆最優先で学びたい

Step 1　自らの学習状況を振り返ろう。

※教科書や問題、過去のテストの点数を見ながら記号をつけよう。

４年生の土台	５年生の学習とつながり	◎・○・☆
1　大きな数 11 小数のしくみとたし算、ひき算	1　整数と小数 4　小数のかけ算 6　小数のわり算	
9　面積 16　立体	2　体積 16　角柱と円柱	
12　変わり方	3　２つの量の変わり方 14　四角形や三角形の面積 15　正多角形と円	
15 小数の整数のかけ算、わり算	1　整数と小数 4　小数のかけ算 6　小数のわり算	
4　角 7　垂直と平行と四角形	5　合同と三角形、四角形 15　正多角形と円	

学年のまとめも自由進度学習

6　自由進度学習のその先へ

私には、教育現場から達成したいミッションがあります。それは「社会人の平均勉強時間」と「社会人でも勉強を続ける人」を増やすことです。

総務省の「令和3年社会生活基本調査」のデータを参考にすると、10歳以上の平均学習時間（学業除く）を細かく見ることができます。左下の図をよくご覧ください。ピークは受験期を控える15歳～19歳で、20代からは半分ほどに減少。そして、30歳以降は全ての世代の勉強時間が10分以下となっています。さらに詳細なデータを見れば、学業や仕事以外に時間を割いて勉強する人の割合は100人中9人しかいないことが明らかになります。現代は人生100年時代と言われ、学生時代の学びの蓄えを100歳まで活用していくのは不可能です。

「学び続ける人間を育てる」ミッションは、私たち学校教員に課せられた現代の使命とも言えます。

そのためには、大人から課せられた勉強課題をこなすのではなく、自ら学びを求める姿勢を育むことが必要です。

確かに、これは容易なことではありませんが、ミッションが達成した先の未来はより輝かしく、魅力的です。

自由進度学習という教育的アプローチが学び続ける人間の育成に向けて、効果的な手立ての1つだと信じています。私は今日も、子どもたちに働きかけ、最善を尽くします。

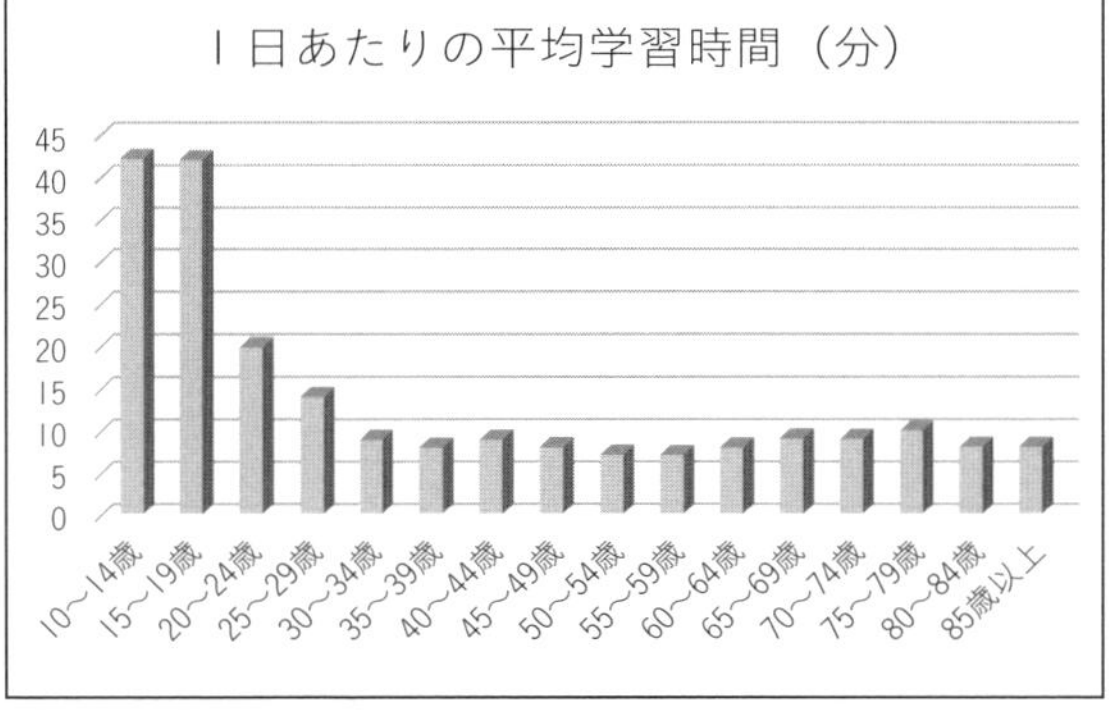

出典：総務省「令和３年社会生活基本調査」

「子ども主体」で進める

自由進度学習のデザイン

中学校

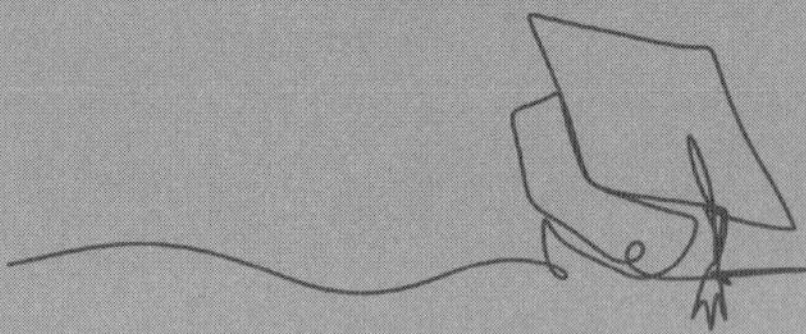

新潟県三条市立第二中学校
松﨑　大輔

1　事前に単元内自由進度学習の目的を設定し教材を用意する

単元内自由進度学習は1単元のすべての学びを、教師の指示・命令によってではなく、各生徒が自らの意志・判断によって学習を組み立て進めていく授業です。この授業方法は、何かの目的を達成するための手段です。何のために、1単元のすべての学びを生徒に委ねるかの目的を熟考し、設定します。何のために単元内自由進度学習をやるのかについての強い核を教師がもつことが、単元内自由進度学習を成功させるうえで最重要です。

「主体的な学びを促したいから」なのか、「自分のよさや可能性を認識するとともに、あらゆる他者を価値のある存在として尊重できるようにするため」なのか、「まとまりのある内容を自分の力で学ぶ経験を通し自分に合う学び方を学んでほしいから」なのか、「難しい課題に直面しても、自力で粘り強く解決したり、仲間と協働して解決したりする経験を通し『自分もできる』という自信をつけたいから」なのか、「生きて働く知識、未知の状況にも対応できる思考力を身につけるため」なのか、「個別最適な学びと協働的な学びを一体的に充実させる授業をするため」なのか。私は上述の目的も意識はしていますが、最上位の目的は「生徒に自律の力（目標達成のために自分で自分自身をコントロールする力）と自立の力（他者からの指示がなくても自分の信じる最善の行動をする力）を身につけさせ、人生をより幸せなものにする」ことと考えています。

次に、生徒がその単元の学習をすることを通してどのような力をつけたいかを熟考することも必要です。私は、数学科の教師なので、各単元に内在している数学的な見方・考え方に気づかせ、その見方・考え方を自分のものとできるようにしたいと考えています。

そして、生徒に力を身につけさせるための1単元分のまとまった教材を準備することが必要になります。私は生徒が自分のペースで見て、考えて、数学的な見方・考え方を身につけられるための複数の動画と、その動画に出てくる問題に対応したプリントを準備しています。

単元が始まるまでにすべての教材を自分で用意するのはとても負担がかかります。インターネット上にある教材や動画の活用を考えてもよいでしょう。私がつくったプリントや動画の例が次のものです。他にも多くの単元のプリントや動画があります。よければ活用してもらえるとうれしいです。

動画

プリント

2 単元1時間目に情報を伝えた上で自己選択・自己決定させる

授業において最初にすることは、1単元の学びのすべてを生徒に委ねる学習を行うと生徒に宣言することと、そのような自由な学びをするのは何のためなのか、教師自身が設定した目的を教師の言葉でしっかりと生徒に伝えることです。また、事前に準備した1単元分の教材を配付するなどして、単元全体の学びを俯瞰させます。最終的にどのような力を身につければよいのかについての見通し（ゴールの見通し）を生徒に与えます。

節	時	学習内容
比例と反比例（関数・比例）	1〜9	関数とは何かについてのイメージをもつ
		変域を考える必要性を理解する
		変域を表す
		比例とは何かについてのイメージをもつ
		比例の拡張
		$(x,\ y)$ の値の一組から式を求める
		式を満たす点を集めるとグラフになることを理解する
		$y=2x$ と $y=-2x$ の共通点と相違点を理解する
		比例定数が分数のグラフをかく
	10	確認テスト・単元振り返り

次に、授業の進め方について説明します。自由に学べるのは何時間で、その間どのような学び方の選択肢がある

のかを伝えます。私は、前ページの単元計画であれば、教室内にあるもの、人のすべて（動画、プリント、タブレット、インターネット、仲間、教師、教科書、ワーク、eboard）をアイテムとして活用し、自分のペースで、各学習支援動画の最後に出題される「ボス問」をプリント教材で解決していく流れを説明します。さらに、10時間目に行う確認テストの問題をクラス全員が納得できるようになることをクラスの目標として設定し、その目標達成のためによいと思うことは何をしてもOKというルールを伝えます。

これらの情報や選択肢を与えるからこそ、「先生の言う目的を達成するために、私は○○な学び方でがんばろう」や、「単元学習終了時にその力を身につけるために、私は、使える道具の中の…を使って、○○な学び方で取り組んでいこう」や、「私は○時間目までに動画を見終えて、その後はワークを進めよう」などのように、一人ひとりの生徒が自分に合う学びを、自分で選択・決定して取り組むことができます。これこそ主体的な学びです。

3 単元の2時間目以降は、生徒のやる気を引き出す

生徒のやる気を引き出すためのポイントは、人間のもつ3つの欲求を満たすことです。

1つ目の欲求は、自分の行動は自分で決定したいという自律性の欲求です。最初から目的・目標の達成に直結する行動ができる生徒が数名はいます。そのような行動を見たらすかさず承認し、価値づけます。「…している人がいてうれしいな。ありがとう」と全体に聞こえるように言葉で承認したり、黒板に書いたりするとよいでしょう。そうすることで、その行動を取り入れて同様の行動を自分からする生徒が増えていきます。その行動を「やらされている、強制されている」と感じさせずに、「自分で選び自分の意志でやっているのだ」と実感させられると、やる気を維持、向上できます。

2つ目の欲求は、活動を通して自身の能力を高めたいという有能感の欲求です。そこで、授業の冒頭に「皆さんは、…な力が身についてきています」と語ることも有効です。そう語るためには、生徒のどのような資質・能力を高めたいかを事前によく考えておくことに加え、その資質・能力が高まっているかを授業中によく観察することが必要になります。

3つ目の欲求は、他者との間に情緒的なつながりをもちたいという関係性

の欲求です。生徒と教師との関係性も生徒のやる気に大きく影響するのです。教師が生徒を大切に思い、生徒の行動を尊重し、「すべての生徒は成長できる」と信頼し、全力で応援していることがどれだけ生徒に伝わっているかが重要です。このように思っていない先生はいないと思います。大切なことは、そのように思っていることが生徒に伝わっているかどうかです。伝えているかどうかです。

これら3つの欲求を満たせる環境をつくることは教師の大切な役割です。

4　単元の最後の確認テストで全員納得を目指す

単元内自由進度学習は、個別最適な学びと協働的な学びを一体的に充実させるための授業です。個別最適な学びの中でも指導の個別化（【一定の目標】をすべての生徒が達成することを目指し、一人ひとりの特性・学習進度・学習到達度などに応じて異なる方法で生徒自身が学習を進める学び）を目指す日々の授業だと考えています。すべての生徒が達成することを目指す【一定の目標】は単元の内容を理解することです。そこで、単元の最後に単元全体のまとめとして行う確認テストは、全員納得できるようにしたいものです。

私は困っている生徒一人ひとりに私が教えに行くことで全員が納得できることを目指そうとした過去があります。しかし、それではうまくいきませんでした。そこで生徒たちに「何としても全員納得を目指したいです。でも私1人ではできません。皆さんの協力が必要です。お願いします」とお願いしたところ協働が促進され全員納得の目標を達成できることが大幅に増えました。

また、だれが納得できずに困っているかを生徒が確認できる環境があると、教えに行くという行動が促進されます。私は座席表を1枚黒板に掲示し、納得できた人は自分の名前をチェックするということをさせています。

5　生徒の意見を収集し、状況を把握し、改善を続ける

単元の学習が終わるたびに、教師自身で設定した目的がどれほど達成できたかを確認することはとても大切です。目の前の生徒たちから本音を引き出し、その思いをくみ取り、授業改善に生かしていきたいものです。「授業を受けてどのような成長を実感しているか」についてや、「よりよい授業にするためのアイデア」を生徒から集め、それらを生かし、授業方法を更新することは、有効な手段です。

私が生徒から収集したアイデアの中に「自分1人だとついめんどくさくなり、動画を見ずに学習に取り組み、その結果理解不十分のままになってしまうので全員で動画を見たい」という意見がありました。そこで、2023年度の2学期から、個人のペースで動画を見たい人は今まで通りイヤホンをつけて学びを進めることもよい行動として認めたうえで、毎時間の授業の最初に全体で1つ動画を見てから各自が自由に学ぶ時間を取るようにしてみました。その結果、全員が最低1回はすべての動画を見ることになり、理解が深まるようになったうえに、多くの人で動画を見ることにより、共通の疑問が浮かび上がるため、それまで以上に協働が促進されました。

最初に述べた通り、単元内自由進度学習をすること自体は目的ではありません。事前に教師自身が設定した目的を達成するための手段であり、目の前の生徒を成長させるための手段です。目の前の生徒の現実・希望を踏まえて不断の改善をしていくのはとても大切なことでしょう。

また、多くの生徒が単元内自由進度学習に魅力を感じているのに、一部の生徒が昔から慣れ親しんだ一斉授業の方がよいと言ってきた場合、安易に一斉授業に戻すのはいかがなものかと思います。意見を取り入れつつ継続する覚悟も大切だと思います。

6 おわりに

「これからの社会が、どんなに変化して予測困難になっても、自ら課題を見付け、自ら学び、自ら考え、判断して行動し、それぞれに思い描く幸せを実現してほしい」。これは、現行の学習指導要領のリーフレット「生きる力 学びの、その先へ」に書かれている子どもたちへの願いです。私はこれを見て強く心を動かされました。

どうしたら自ら課題を見つけ、学び、考え、判断して行動するようになるのか考えました。過去の私は、「勉強しなさい」「自ら課題を見つけなさい」などと命令したり、「…してください」「みんなで…しよう」などと指示したりすることで生徒の行動を操作しようとしていたことに気づきました。しかし、私もそうですが、人は他者に操作されるのを嫌う生き物です。では教師には何ができるのでしょうか。それは、すべての生徒には「学ぶ力」と「成長したいという気持ち」の両方があると信頼することです。事実、両方もっています。また、生徒が自分から「…しよう」と思うのを待つ覚悟、手出し口出しをしないで見守る覚悟をもつことです。さらに、ただ信頼して待つのではなく、生徒が主体的に「…しよう」と一歩を踏み出せる環境をつくり、そのように思える経験を与えることです。このように考えた結果、私は今、単元内自由進度学習をしています。

単元内自由進度学習は次のような環境です。①何事も自己選択できる自由な環境、②自分なりの方法で学び、アウトプットする環境、③自ら考え自ら行動しないと学びが進まない環境、④まとまりのある内容を、時間をかけて自力でやる環境、⑤「目的・目標」を強く意識して活動する環境、⑥他者と比較されない環境、⑦協働する環境。

また、単元内自由進度学習は次のような経験をもたらします。①自分に合った目標を自分で設定する経験、②その自分の目標を達成するために自分が最善だと思う行動を計画し実行する経験、③目標を達成するために、自分をコントロールしながら学ぶ経験、④自分の行動の結果に責任をもつ経験、⑤自分に合う学び方に気づく経験、⑥困難に出合い、粘り強く取り組む経験、⑦粘り強い努力のおかげで目標を達成し自己肯定感を高める経験、⑧他者に貢献することを通して自分の価値を自覚する経験、⑨他者のよさを見つける経験、⑩対話により自分と違う人の考えに触れ、自分の考えを広げ深める経験、⑪うまくいかないことを次に生かす経験。

これらの環境、経験が、生徒それぞれが思い描く幸せを実現することにつながると信じ、実践しています。

拙著『中学校数学　生徒の自律と自立を促す　単元内自由進度学習』（明治図書、2023）には、読者特典として、中学校の数学教師であれば今すぐに授業で使える約170本の学習支援動画を見ることができ、それらの動画に対応したプリント教材をダウンロードできるウェブサイトにとぶQRコードがついています。

また、単元内自由進度学習を通して「生徒にどのような資質・能力を身につけることを目指すのか」についてや、単元内自由進度学習における「教師の役割」についても詳述しています。さらに、「単元内自由進度学習の始め方」や、「単元の指導の際にどのような話を生徒にするか」についても具体的に記しています。単元内自由進度学習に興味のある方であれば、中学校の数学教師でない方にも役立つ内容になっています。ぜひご覧ください。

比較分析

教師が教え込む授業×子供が学び取る授業

課題提示

Education Forward 24㈱　瀧ヶ平悠史

1 教師が教え込む授業は教師が「方法」を渡し、子供が学び取る授業は子供が「考え方」を判断する。

「どの子もみんな…」と願えば願うほど、教師は丁寧に課題提示をしようと努めるものです。

しかし、その結果、「この問題は、○○作戦でできそうですね」などと、解決するための「方法」そのものを子供に渡してしまうことが多々あります。

例えば、「24＋15」という問題があったとき、「十の位と一の位に分けて、それぞれを足して考えればできそうだね」と、解き方の「方法」を全て示してしまったならどうでしょうか。

この後に子供たちがやることと言えば、この方法に数値を当てはめて計算の処理をすることだけです。

ここに「思考」はありません。単なる「作業」になっていると言えます。

大切なことは、子供自身に考え方を判断させることです。

先ほどの問題であれば、「数え足し」で考える子がいるかもしれませんし、「24＋6＋9」といった考え方をする子もいるかもしれません。子供が自分で判断し、考え方が多様に出てくるからこそ、それらを比較する場が生まれます。そして、そうした場を通して初めて、よりよい考え方が相対的に浮き彫りになり、それを子供が学び取っていく授業になるのです。

教師が教え込む授業は丁寧に分かりやすく示し、子供が学び取る授業はあえて分かりにくく示す。

2

教師が思い込んでいることの1つに、「丁寧で分かりやすい指導は、子供の力を育むことにつながる」といった考え方があります。

実は、ほとんどの場合、この考え方は当てはまりません。

子供が問題を解決できずに困っているとき、教師が手取り足取り丁寧に分かりやすく説明してすべてやってしまったならどうでしょうか。子供は「解決できた」ことに満足するかもしれません。

しかし、この場合、問題を解決したのは子供ではなく教師です。

ですから、この方法で子供に力がつくことはないのです。

これは、課題提示の場面でも同じことが言えます。

画用紙に丁寧に問題文を書き、キーワードに下線を引き、具体物やイラストを用意し、問題文を復唱させ…。

こうした丁寧で分かりやすい提示の仕方をすればするほど、子供が問題を把握するために考えたり、場面を想像したりする必要性はどんどんなくなっていきます。

つまり、丁寧な提示をした分、子供の力が育まれる機会が失われているのです。

ですから、「子供が学び取る授業」を実現するためには、あえて「分かりにくく」課題を提示することが大切になります。

例えば、次の問題を見てください。

> この棒の重さは$\frac{3}{4}$kgです。
> この棒が$\frac{3}{5}$mになったときの重さは、何kgになるでしょうか。

どうでしょうか。この問題、一瞬、大人でも意味をよく理解できなかったのではないでしょうか。

右記の問題文では、「この棒」がどんな長さの棒を示しているのかがよく分からないと思います。問題文として、情報が不足しているのです。

当然、子供たちからも、「どういうこと？」「この棒って、どんな棒？」「$\frac{3}{4}$kgの棒は、何mなの？」といった声があがります。

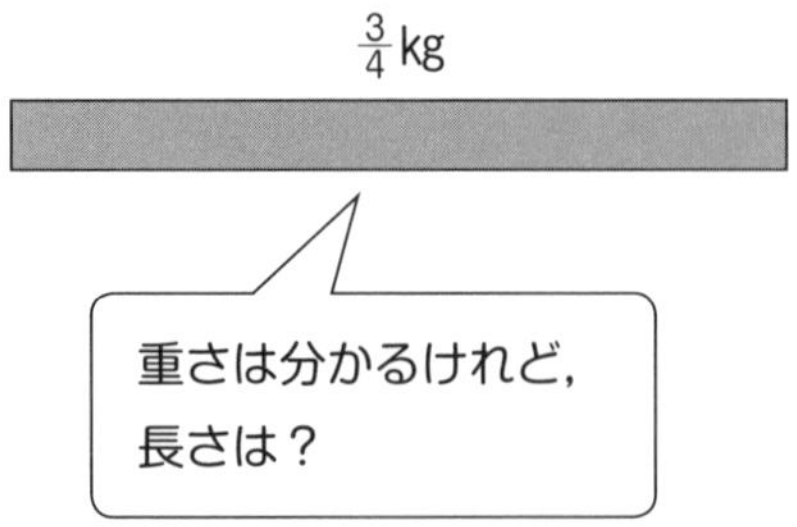

ここでも、すぐに丁寧に説明してはいけません。

「え？　この問題文だけでは分からないの？」「では、何が分かればいいのかを、友だちとお話ししてごらん」

このように、投げかけていくのです。

「$\frac{3}{4}$kgの棒の長さが分からないと絶対に困るよ。だって…、考える基準がない！」「$\frac{3}{4}$kgの棒を基に、$\frac{3}{5}$mの棒の重さを考えるんだから、$\frac{3}{4}$kgの棒の長さは、絶対に必要になるよ」

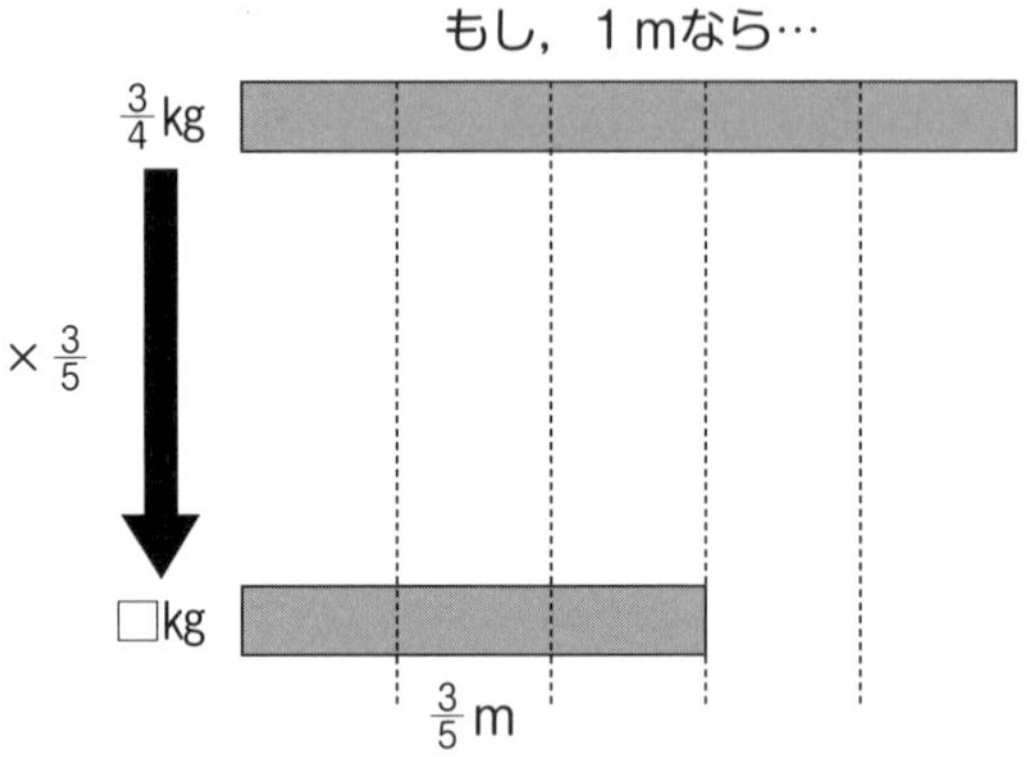

こうして子供たちは、「なぜ、$\frac{3}{4}$kgの棒の長さが必要なのか」について考えていくのです。

子供たち自身が、問題を解決するために「どんな情報が必要で、なぜ、それが必要なのか」を見いだしていく。これが、「子供が学び取る授業」です。

「分かりにくい課題提示」の仕方には、他にも次のような方法も考えられます。

・数値や言葉をマスキングする
・図の一部を隠す

いずれも、子供が自ら問題に働きかける姿を引き出すための有効な手立てになります。

子供は、こうして自ら働きかけることを通して初めて、学びを自分のものにすることができるのです。

3

教師が教え込む授業は問題を一度にすべて提示し、子供が学び取る授業は問題を少しずつ提示して「スキ間」をつくる。

「画用紙に問題文を書いて、それを黒板に貼って提示する」

誰もが一度はやったことがある、課題の提示の仕方ではないでしょうか。

こうした手法が取られる授業では、子供たちはとても受け身になっていきます。

子供にとって問題場面に働きかける場がなく、一方的に受信するだけの場になっているからです。

一方、「子供が学び取る授業」では、教師が「問題を少しずつ提示」し、「スキ間」をつくっていきます。

例えば、先の**2**で示した問題であれば、一度に問題文の全てを提示せずに、次のように示していくのです。

この棒の重さは…

「棒なんだ」「長さを求める問題かな」

「重さかもよ」

$\frac{3}{4}$kgです。

「1kgよりは軽いんだね」「というか、その棒はどれくらいの長さなのかな?」

この棒が$\frac{3}{5}$mになったときの

「ということは重さを聞かれるってこと?」「え?　この問題、何かおかしくない?」

重さは、何kgになるでしょうか。

「やっぱりおかしい」「これだと、求められないよ」「$\frac{3}{4}$kgのときの棒の長さは?」

このように、問題を少しずつ提示し、あえて「スキ間」をつくっていくのです。

子供は、この「スキ間」があることにより、問題場面に何度も働きかけることができるようになります。

「課題を提示する段階で、いかにして子供から能動的な姿を引き出すか」

子供が自ら学び取っていく授業では、こうしたことを考えていくことが欠かせません。

問題場面と子供の距離を近づけることが、良質な「問い」を生むことにつながっていくからです。

比較分析

教師が教え込む授業×子供が学び取る授業

自力解決

雙葉小学校　永田美奈子

1 教師が教え込む授業はヒントを出し、子供が学び取る授業は友だちの考えをヒントにする。

私がまだ若い頃、教師からヒントカードを出すことが流行っていました。

当時は、自力解決に15分ぐらい取るようにと指導を受けていましたので、その15分間、何も手につかない子供のことを思うと、このヒントカードによって、何かしら考えられる子供が増えるのならと、これを使うことに何も違和感を覚えることはありませんでした。

三角形の面積の研究授業をすることになった時、私は、三角形を様々な形に変形したヒントカードを準備し、提示しました。その中から、子供たちに自分が考えられそうなものを選ばせ、自力解決をさせました。ヒントカードによって、ある程度の子供は、解決することができました。しかし、ヒントカードは取ってみたけれど、どのように考えたらいいのかわからない子供ももちろんいました。結局そのような子供には、直接指導をせざるを得ませんでした。

今考えると、このヒントカードは、やはり教師が与えたものであり、子供たちから考え出されたものではないことに大きな問題があります。先生が提示したヒントカードによって解決できたとしても、子供たちにできた喜びを味わわせることができるのでしょうか。初めから自分たちの力で考えることができた時こそそのような喜びを味わわせることができるのです。

子供たちが考えやすい数値を提示する

五年生の小数のかけ算を例に取ります。「1m80円のテープがあります。これを2.5m買うといくらになりますか」この問題のポイントは、0.5mという、より考えやすい長さになっているところです。この問題を提示する前に、2mと3mの値段を考えさせているので、子供たちは様々に考えることができます。

少しだけ時間を与えます。自力解決にかける時間は、いつも同じでなくていいのです。

友だちの考えをヒントにする

子供たちの様子を見ると、いろいろな方法で考えている子供、1つの方法は考えられた子供、なかなか考えられない子供と様々です。

そこで、解決できた子供に、自分の考えを言葉で言ってもらいます。ここでのポイントは、自分の考えを説明するのではなく、言葉で表現させることです。

①「2mと0.5m」②「3mから0.5mをひく」③「5mの半分」

友だちのこの言葉がよいヒントとなり、どの子供も自分なりの考えを出すことができます。

もし、これでも考えられない子供がいるようでしたら、どれか1つを取り上げて、まずはみんなで考えてみるのもよいでしょう。①を考えてみます。

「2m分はいくらになるの?」

「160円」

「じゃあ。0.5m分はいくらになるんだろうね」

「うーん、わからない」

ここで、もう少し周りの子供たちにヒントを言ってもらいます。

「0.5mは1mの半分だから」

「あっ。わかった。40円だ」

みんなで1つ解決したら、改めて時間を取って、他の考え方で考えさせます。0.5mの値段がわかったので、②の考え方はできるようになります。

このように考えますと、自力解決の時間は、必ず○分と決まっているわけではありません。また、1時間の授業の中で必ず同じタイミング、例えば問題提示のあとにだけ自力解決をさせるものでもありません。子供たちの様子によって、自力解決のタイミングは変えていいのです。とにかく「自分たちの力で解決できた、友だちのおかげでわかった」と子供たちが実感できるような授業をしていきたいものです。

比較分析

教師が教え込む授業×子供が学び取る授業

話し合い

東京都世田谷区立代沢小学校　横田　富信

1 教師が教え込む授業は話型を徹底させようとし、子供が学び取る授業は話型を選択させようとする。

話し合いは、ただ意見を出し合うものではありません。ある目的に向かって意見を出し合うものであり、話し合った結果、子供が「前進できた」という実感をもてるものである必要があります。本稿では小学校社会科を基に「話し合い」の3つポイント（話型、問い、構成）について述べていきます。

まずは、話型です。話し合いでは根拠を示すことが必要です。そのため、多くの教師は「わたしは〜です。なぜなら〜」といったように、根拠をつけて話すよう指導されていることと思います。根拠が示されないと、聞き手と話し手のイメージがしっかりと共有されません。社会科であれば「事実を基に思考する」ということが基本です。資料を引用しながら自分の考えを述べるように指導することは、話し合いの土台としての1つと言えるでしょう。

これに加えて、他者の意見とつなげようとする態度を育成することも必要です。例えば「〜さんに似ていて〜です」「〜さんに付け足しで〜です」といった話型を用いさせることは、その態度の育成につながります。

こういったことを教師が意識して授業を進めることは大切です。しかし、「〜さんに似ていて」「〜に付け足しで」という話型の徹底にこだわり過ぎると、子供の硬直化を招き、やがて話し合いが停滞し教え込む授業になってしまいます。なぜなら、話し合う時には、もっと様々な言葉を使って話しているからです。言い換えるならば、使う話型をしばってしまうと、豊かな発想が阻害されてしまうということです。

そこで、次のような「話し合い言葉」を子供たちとつくり、授業の中で選択させるとよいでしょう。

話し合いマスターを目指して！　6年　　組　　番　名前（　　　　　　　）

★話し合い言葉をつくって、身に付けよう

	分類	言葉の具体例	使えましたか？（正の字で）
1	声が聞こえないから聞きたい。	もう一度おねがいします。大きな声で。	
2	よく分からないから質問する。	質問なんですけど。もう一度。	
3	理由（根拠）を示す。	なぜなら〜，理由は〜，	
4	例を示す。	たとえば〜，	
5	比べる。	〜さんに似ていて 〜とちがって	
6	付け足す。	〜さんに付け足して	
7	つなげる。	〜と〜を合わせると（つなげると）	
8	例をたずねる。	たとえば何ですか。	
9	確認する。	〜ということですか？	
10	まとめてみる。	つまり〜，まとめると〜。	
11	視点を変える。	〜とはちがって、反対に。	
12	「まとめてみる」にストップをかける。	ちょっと待って下さい。	
13	理由（根拠）を聞く。	なぜですか？	
14	解説をする。	〜さんが言っているのは〜だと思います。	
15	うながす。（紹介する）	〜さんの意見ですけど	
16	話し合いのとちゅうで思いついた。	今思いついたんですけど。	
17	前の勉強から思いついた。	〜で勉強したことなんですけど。	
18	よく分からなくなってしまった。	よく分からなくなったので助けて下さい。	
19	助けてあげたい。助けてあげられそう。	助けます。	

私は年度当初、最初の授業の前に子供たちと「話し合い言葉」をつくります。話型を子供に示す教師は多いと思いますが、私は、分類だけ示して具体的な話し方は子供たちとつくるようにしています。左図にあるように、例えば、「うながす（紹介する）」という視点を示して、「友だちの考えを紹介したいなと思う時には、どんな言い方がありますか」と問い掛けます。子供たちは生活経験も踏まえ「〜さんの意見なんですけど、〜」という言い方があることに気がつきます。また、「比べる」という視点を示して「友だちの考えと比べて発言する時には、どんな言い方がありますか」と問い掛けることで「〜さんに似ていて〜」という言い方が「比べる」ものであることに気がつきます。

話し合いの豊かさを引き出すものとして「話し合い中に思いついた」という視点もあります。子供は「〜さんの話を聞いていて、今思いついたんですけど」という話型をつくりました。この話型は、書いたこと以外も発言してよいという話し合いのダイナミックさを生み出すことにつながりました。

ここでつくった話し合い言葉を子供自ら選択し使えるようにしていくのです。私は、自分の考えを述べているだけの子供に、「誰に似ているの？」とは言いません。「話し合い言葉は？」と声を掛け促すようにしています。こうすることで、子供が自分が話そうとしていることに適した話型を選択して話し合えるようになっていくのです。

【参考文献】横田富信（2020）『黒子先生の見えざる指導力』東洋館出版社

2 教師が教え込む授業は「なぜ」の問いを多用し過ぎ、子供が学び取る授業は方向性を明確にした問いで考えさせる。

先に述べたように、話し合いには目的が必要です。目的は問いの形で示されることが多くあります。例えば社会科であれば「稲作農家は、どのようにして米を生産しているのだろうか」といったものです。

問いの形には「何」「どこ」「いつ」「どのような」「なぜ」が用いられます。この中で「なぜ」は考えを深める際にしばしば用いられる疑問詞です。「なぜ」には因果関係を考えさせる働きがあるため、論理的思考を養うことにつながります。子供の発言に対して「なぜ、そう考えたの?」と問うことでその根拠を明らかにしたり説明の筋道を示させたりすることができます。

しかし、「なぜ」という問いは万能ではありません。例えば、6年江戸幕府の学習で、「なぜ徳川家光は参勤交代をさせたのか」という問いを設定した場合、どのような回答が考えられるでしょうか。教師としては「大名の力を弱めたいから」と気づかせることを意図しています。しかし、子供は「幕府の力が強いから」や「武家諸法度に定めたから」、「将軍だから」などと発表することがあります。参勤交代をさせた要因ではあるものの、気づかせたい内容とは違う方向になってしまうのです。こうなってしまうと、話し合いが停滞し教師の教え込みが必要となってしまいます。これは「なぜ」という問いには、そもそも考える難しさがあることや、考えても考えても収束に向かわないことがあるからです。

では、どうすればよいか。それは、「なぜ」の問いで気づかせたいことを、時には、方向性を明確にしたものに言い換えればよいのです。先の例で言えば、「徳川家光はどのような目的で参勤交代をさせたのか」という問いにします。こうすることで、話し合いの視点が明確になり、子供が自ら学び取ることにつながります。

3 教師が教え込む授業は自由に話し合わせようとし、子供が学び取る授業は展開を構成して話し合わせる。

教師は、活発な話し合いを願い様々な手立てを取り入れています。次々に手が挙がり、たくさんの質問とそれに対する意見が交換される。そのような授業に憧れを感じるかもしれません。

しかし、規律なく自由過ぎる話し合いでは、周辺の内容に議論が移ってし

深めるタイム

★話し合っていること（出た意見）について、コメントや質問を考えよう

コメントや質問の考え方
- くわしくなるように
- 視点が広がるように
- 友達の発言のよさを見つける

まうことがしばしば見られます。このようなことが何度も繰り返されることは、一部の子供たちだけが楽しみ、他の子供たちの学習意欲を下げてしまう可能性があります。また、本時のねらいと逸れた話題に終始した結果、身につけるはずの理解に到達できず、最終的に教師が解説をして話し合いを無に帰してしまうことにもなりかねません（もちろん、自由な話し合いによってねらいを達成できる高い力量をもつ教師はいます）。

わたしは、今述べたような失敗をしてきました。そこで、この状況を改善するために「深めるタイム」という時間を設定することにしました。これは「意見の出し合い→検討→まとめ」という展開を生み出すことを目的としたものです。意見が集まった段階で、「深めるタイム」を提示します。ここで子供は一度立ち止まり、出された意見に対してコメント（感想）や疑問を発表します。出されたコメントや疑問に対して、再び全員で考えます（ここでは、ペアトークなどを入れて、全員にアウトプットさせます）。このように、話し合いの展開を構成したことで、全員参加の活発な話し合いができるようになりました。

以上、「話型」「問い」「話し合いの構成」を視点に述べてきました。共通していることは、子供の立場から、改善の糸口を探してみることです。

比較分析

教師が教え込む授業×子供が学び取る授業

振り返り・まとめ

慶應義塾横浜初等部　前田　健太

1 教師が教え込む授業は**教師がまとめ**、子供が学び取る授業は**子供がまとめる。**

算数の「まとめ」。先生が授業前に準備したまとめの言葉を提示し、それをそのまま子供たちが書き写すという場面をよく見かけます。しかし、ここには大きな問題が潜んでいます。1時間の授業を通して、子供たちは様々な意見を出し、そのクラスの子が創り上げてきた授業になっているはずです。それなのに、そういった過程が無視され、最後は先生から一方的にまとめが提示されます。それでは、子供たちはこれまでの意見交流の時間は何だったのだろうと疑問に感じるはずです。やはり、これまでの授業で子供の声を大切にしてきたのであれば、まとめでも、子供の声を大切にすべきでしょう。

やり方はシンプルですが、**「今日の授業で、大切だと思ったことは？」**と素直に子供たちに聞いてみるとよいのではないでしょうか。ここで、教師の意図したものとズレることを心配する先生も多くいることでしょう。しかし、その子供が発した言葉こそが、本時での子供たちなりのまとめなのです。それを強引に先生がまとめても意味がありません。授業者にとっては、子供が大事だと思っている部分と自分の認識の差を知る時間にもなります。これは、授業者自身の本時の振り返りにもなるはずです。

2 教師が教え込む授業は必ず最後に振り返り、子供が学び取る授業は必要に応じて振り返る。

振り返りというと、授業の最後に行うというイメージがあります。しかし、なぜ最後にしか振り返りは行わないのでしょうか。そもそもなぜ振り返りを行うのでしょうか。私は2つ意味があると考えています。1つ目は、次の授業で使える武器にするため。本時の授業でどのような過程を経て、結論を出したかを確認することで、次の授業でそこで使った見方・考え方を活用できるようになります。2つ目は、子供たちを置いていかないためです。授業をしていると、後半挙手が減ってくることがあります。その原因の1つに、これまでの授業の流れが理解できていないことがあります。

もしそうだとすると、振り返りは、決して最後だけ行うものではなく、子供たちの状況に応じて、何度も行ってよいはずです。

では、どのような時に振り返りを行っていったらよいでしょうか。

まずは、授業の参加度が下がったと感じた時。不安そうな子に「何を尋ねられているのかわかる？」「○○さんは、何て言っていた？」と問われていること自体を確認することです。その上で、教師が少しファシリテートしながら、もう一度丁寧に**これまでの流れを振り返る**ことです。授業の話題に置いていかれてしまっている子を救うことができます。

次に、めあてが解決したときです。授業中様々に変化するめあてが解決したときに、**どのような見方・考え方を使って解決してきたのかを意識化させる振り返り**をします。子供たちが働かせている見方・考え方は最初は無意識です。それを振り返りで意識化することで、次の授業で使えるものとなります。

めあても振り返りもともに誰が何のために行うかを再度考え、今やっている手法やタイミングが適切かどうかを教師自身が考えていくことが必要です。

比較分析

教師が教え込む授業×子供が学び取る授業

教科書

関西大学初等部　尾﨑　正彦

1 教師が教え込む授業は教科書をなぞり、子供が学び取る授業は自ら課題に働きかける。

算数2年生・学校図書の教科書「10000までの数」単元に、次の問題があります。

「□にあてはまる数を書きましょう。
①5000—6000—□—8000—□—□—
②7500—□—□—9000—9500—□—」

算数の授業では、教科書通りに展開する場面がよく見られます。右の問題であれば、次のように展開が進められることが多いのではないでしょうか。

「①の6000の次の数字は何でしょう」
「どうして7000とわかったのですか」
「②の7500の次の数字は何でしょう」

それぞれの教師からの質問に対して、子供は正しい答えや求め方を説明していきます。このような展開に、学習指導要領が求める「主体的・対話的で深い学び」の授業の様相はあるでしょうか。子供たちは教師の指示のもとで答えを求めているだけで、それ以上のものはありません。この姿は、完全に受動的になっています。教科書を使って授業を進めることは大切なことです。しかし、単に教科書に書かれた内容をなぞるような展開を進めているだけでは、学習指導要領が求める子供の姿を引き出すことはできません。

では、教科書を使って「主体的・対話的で深い学び」を具現する姿を引き出すにはどのようにしたらよいのでしょうか。

そのためのポイントの1つが、教科書を最初は閉じさせておくことです。算数の教科書には、子供に考えさせたいポイントや答えそのものが書かれています。それらが最初から見えてしまったら、子供は主体的に考えることを放棄してしまう可能性があります。教科書を閉じておく。たったこれだけのことでも、子供の学びの姿は変わっていきます。

2つ目のポイントは、教科書教材の見せ方を少しだけ変えることです。前述の問題であれば、①は教科書通りに展開します。しかし、②の見せ方を少しだけ変えるのです。②の問題は次のものでした。

②7500—□—□—9000—9500—□—

この問題の数字部分を■（空欄）に変えて、次のように提示します。

②■—□—□—■—■—□—

問題場面の一部を隠して提示するのです。全てが空欄では、□の数字を求めることはできません。子供からも「これじゃあ、□はわからないよ」と声があがります。この声は、すでに子供が課題に対して主体的になり始めた姿だと言えます。

子供たちの声を受け、次のように子供に投げかけます。

「どの■を最初に見たいですか」

今度は、隠した部分のどこの情報を見たいのかを子供に選択させるのです。選択させることで、子供は主体的に課題に向き合います。

「■が2つつながった場所の数字を教えてほしい」

「最初の■の数ではだめです。だって、もし、最初の■が5000だったとします。でも、その次の□が増えるのか減るのかは、これだけじゃわからないから最初の■ではだめです」

「■が2つつながった場所が、もし100と200なら100増えたとわかるから、他の□の数がわかります」

「①の問題も、5000と6000がつながっているから、1000ずつ増えたとわかったでしょ。それと同じだよ」

「■がつながった場所がわかれば、最初の■もわかってしまうね」

子供たちが空欄にした■に入る数字を仮定することで、□に入る数字を主体的に話し合い、さらに本来は教えるつもりでいた最初の■の数字も「わかってしまうね」と学びを深める姿も生まれてきました。

主体的な学びの姿を引き出すには、教科書は閉じさせます。その上で、教科書問題の見せ方を少し変えるのです。これだけで子供は動き出します。

比較分析

教師が教え込む授業×子供が学び取る授業

ノート指導

立命館小学校　柳沼　孝一

1　教師が教え込む授業は板書を写す書式を用い、子供が学び取る授業は考えさせる書式を用いる。

私は、学び取るノート指導の根幹を有田和正氏の名言である「ノートは思考の作戦基地である」だと考えます。ですからノートのつくり方を視写型から思考型へと変えていく必要があります。視写をすることは学びの基本です。しかし、板書を写すだけでは受け身の学びに陥ってしまいます。発達特性を踏まえてノートの書式（レイアウト）を思考型に変えていくことで、子供の学びを主体的なものへと導きます。

それでは、思考型ノートの書式を紹介します。どの教科も基本は見開きです。1頁が「クラスページ」といって板書と同じ内容を書きます。2頁が「マイページ」といって自分や友だちの見方や考え方を書き込みます。

〈国語の思考型ノート例〉

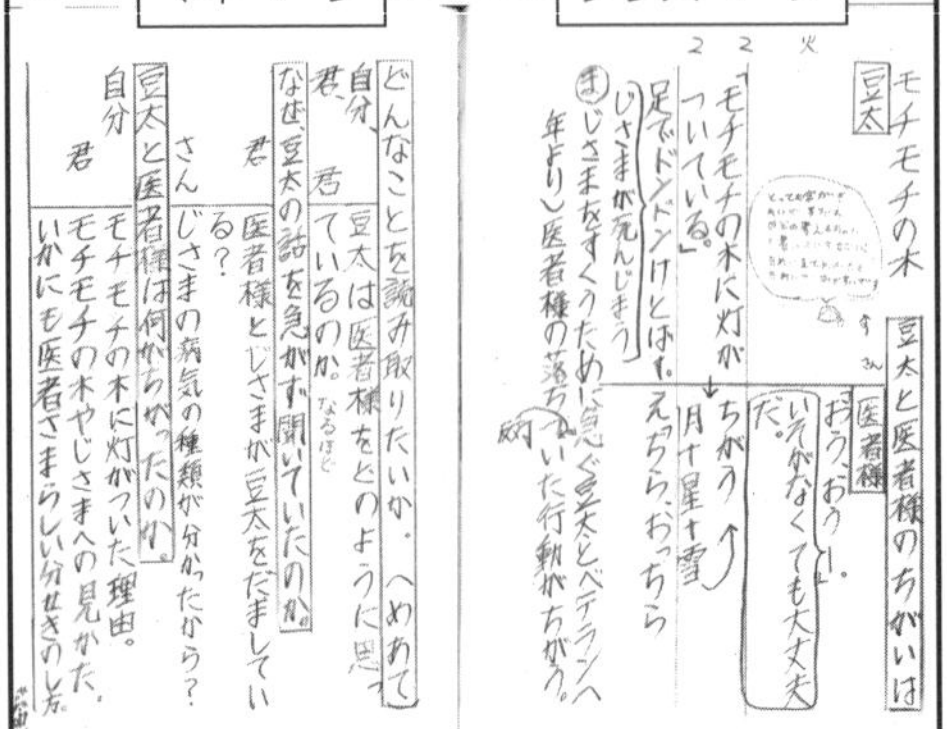

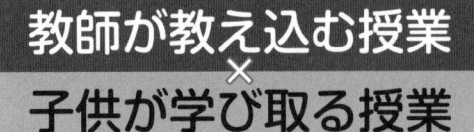

2 教師が教え込む授業は「めあて」を写させ、子供が学び取る授業は「めあて」を考えさせる。

授業の方向性と着地点を示すものが「めあて」です。

「今日のめあてはこれです。しっかりノートに写しましょう」

授業スタートから教え込む授業のはじまりです。子供が学び取る授業は、あえて教師がもっている「めあて」を伏せます。しかし、そこには「めあて」を導き出すための教材提示がなされたり、既習内容の振り返りを促したりといった教師の働きかけが必要です。

3年、算数「かけ算の筆算を考えよう」の導入の時間を例に紹介します。

〈教え込むノートの場合〉

「では、問題を書きます。ノートに写しましょう」

〈学び取るノートの場合〉

かけ算の表を映し出し問いかけます。

「2年生で学んだかけ算を□で囲みましょう。次に3年生の2学期に学んだところはどこかな？」

「3学期は何をやってみたい？」

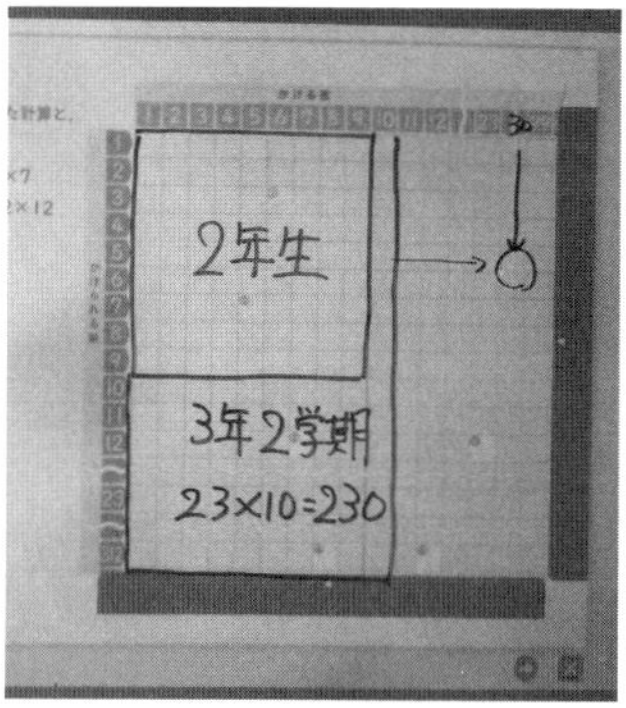

K子はマイページに「かけ算レベルアップ」と書き、友だちと願いを交流しました。「めあてを自分たちがつくった」という実感が、その後の問題解決に主体的に取り組む姿勢へとつながっていきます。

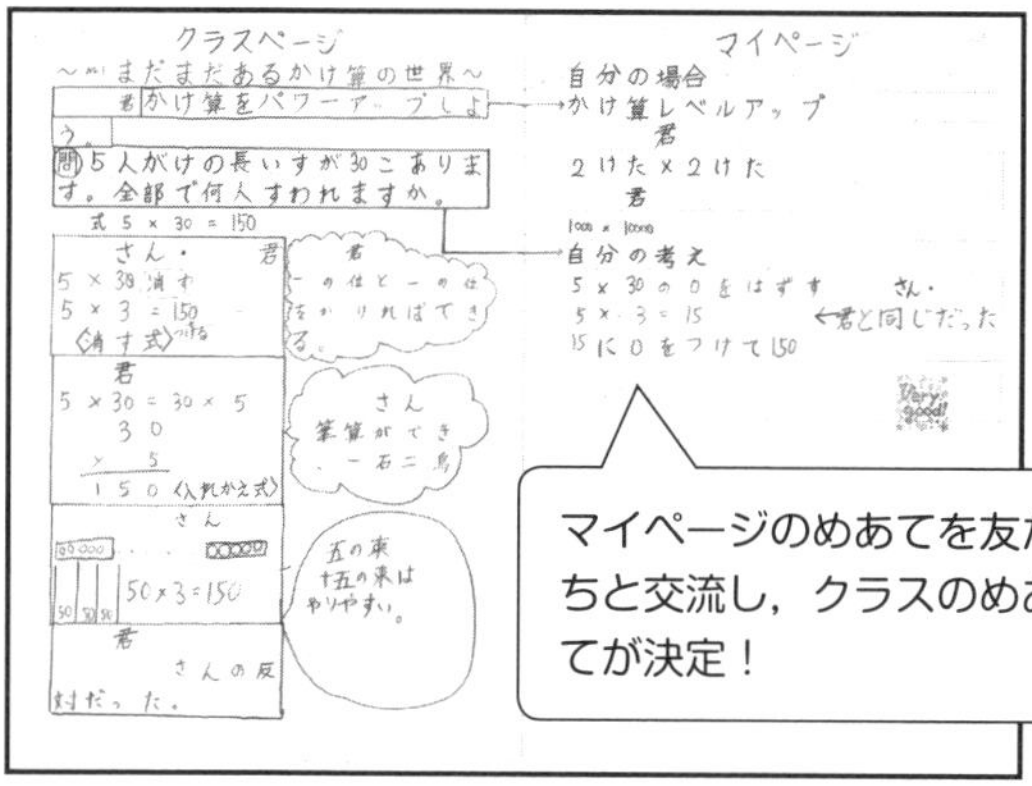

3 教師が教え込む授業は教師のコメントを写させ、子供が学び取る授業は自分なりのコメントを書く。

問題解決の授業場面では、子供たちから出された考えにネームプレートを貼って教師がコメントを書き込み価値づけます。ノートへも友だちの名前と発表内容が記述されます。板書を写すだけでも十分に学び取るノートのようになっています。しかし、Mさんのノートには、「いいと思う」「シンプル」「ことわざを使っていてすごい」「分かりやすい」といった友だちの考えに共感するコメントが書き加えられています。コメントを書き加えながらノートを書き進めるということは、発言によく耳を傾け、自分なりに意味理解をしている表れです。コメントは短く書くことがコツです。また、共感するといっても賛成ばかりではありません。「○くんの気持ちはわかるが…」や「ちがうんじゃないかな」といった、疑問に思ったり考えが違ったりするコメントも大いにありです。互いの見方や考え方をノート上で突き合わせながら学習を進めることで、「だったら」というコメントで新たな発見が生まれることが期待できます。まさにノートが思考の作戦基地になっていきます。

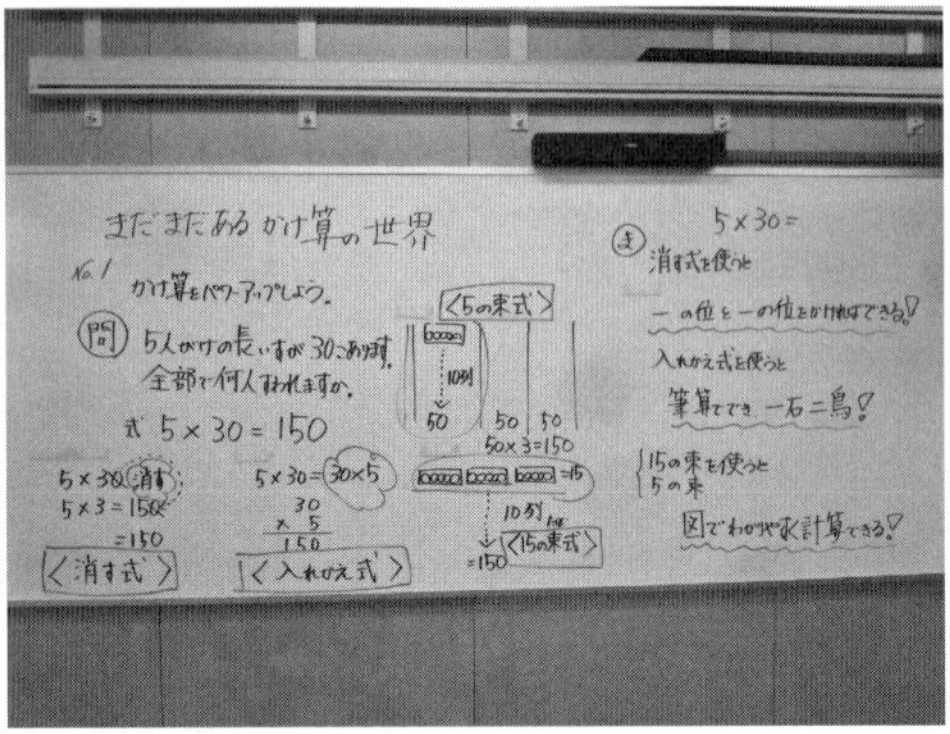

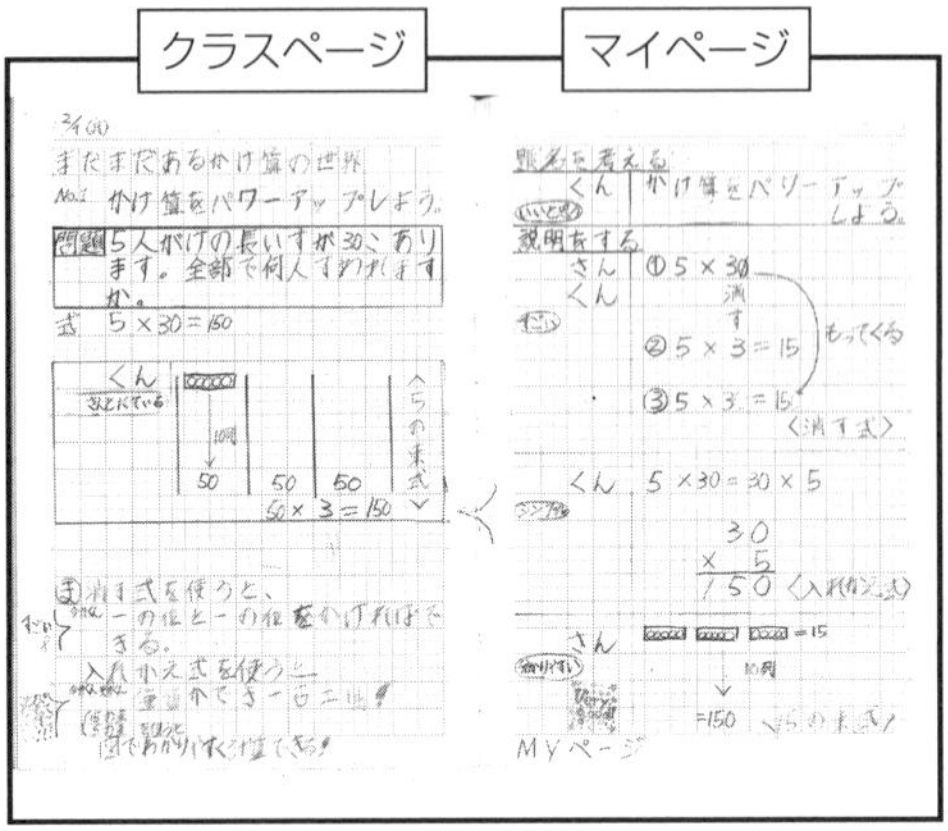

4 教師が教え込む授業は最後に教師がノートを集め、子供が学び取る授業は最後に子供同士が交換する。

授業のまとめの場面です。マイページに自分なりのまとめを書く時間を確保します。それを全体で共有し、板書にて学級のまとめをします。その後、授業時間を1、2分程度残しましょう。ノートを交流するための時間です。その手順を次に紹介します。

①自分のまとめ（マイページ側）に友だちから書いてもらうコメント枠をつくります。

②ペアでノート交換をします。相手は毎回変えます。はじめは親しい友だちからはじまりますが、だんだんと関わりの少ない友だちとも交換するようになります。

③ノートの交換後は、友だちの学びが一番凝縮されているマイページのまとめを読んでコメント欄に感想を書いて返します。

交換後の子供たちのマイページを紹介します。「最後の難しい計算ができていたね」「まちがえにくいという表現が気に入ったよ」「ありがとうございます。とてもうれしいです」。どれも心温まるメッセージです。このように子供たち同士がノートを介して互いの学びを称賛することは、学び取る授業を実現するためのエネルギー源になると考えます。

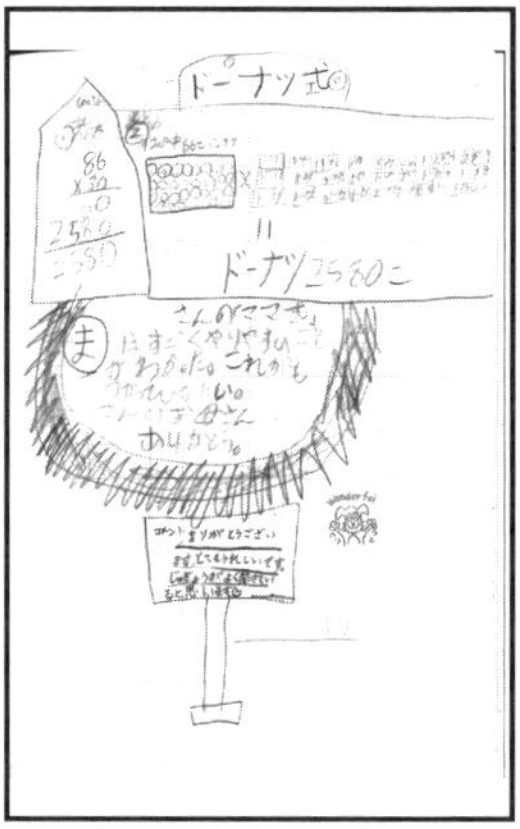

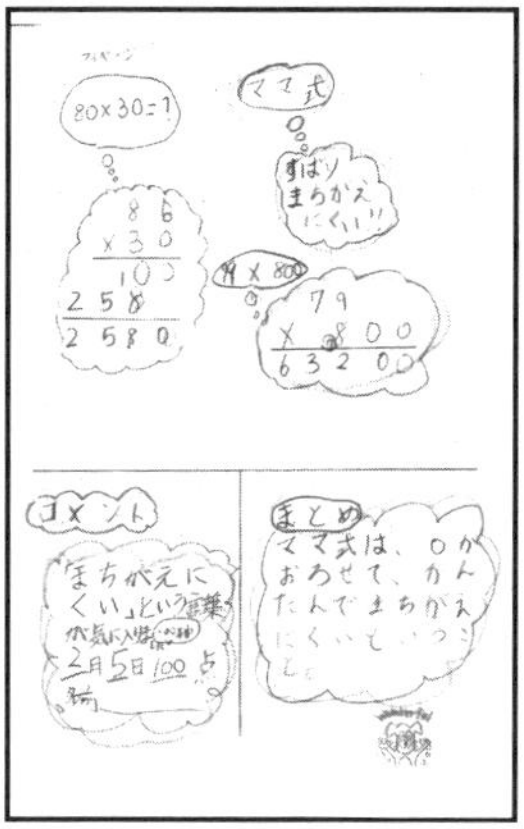

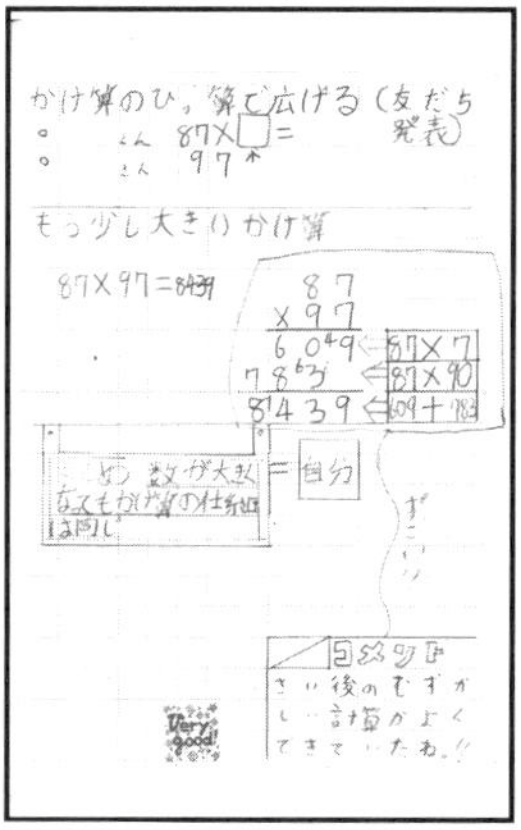

比較分析

教師が教え込む授業×子供が学び取る授業

ICT活用

関西大学初等部　東口　貴彰

1 教師が教え込む授業は先に必要な技能を伝え、子供が学び取る授業は先に必要感を抱かせる。

ＩＣＴを活用するということに、抵抗感を抱く先生は未だにたくさんいらっしゃいます。これは、今までＩＣＴを活用することなく実践されてこられたベテランの先生に限った話ではありません。私が前任校で教育実習主任をしていた頃、デジタルデバイスを日常生活で多々使っている教育実習生であっても「操作を失敗すると授業が止まってしまう」という不安からＩＣＴを活用した実践を極力避ける傾向にありました。しかし、そういったＩＣＴに対する抵抗感というものは授業者である大人に強くあるものであり、デジタルネイティブと言われる子供たちにとってはＩＣＴを活用することが日常生活の一部で、大人のそれとは線を引いて考えるべきです。教師がそのような不安や抵抗感を抱けば抱くほど、結果的に、ＩＣＴはどんどん子供たちにとっても「特別」なものへと変容してしまうのです。私の中でＩＣＴというものは、子供たちが学び、創造性やコミュニケーションを豊かにするための１つの手段に過ぎないのです。

さて、私がＩＣＴを活用した授業実践を拝見する中でよくありがちなのが、ＩＣＴを活用する際の機能を教師が全て子供たちに伝えるという場面です。例えばプレゼンテーションを作成する際、基本的な文字の入力の仕方や画像の挿入の仕方、アニメーションの使い方など、必要とするアプリケーションの機能をまず全て教えます。これは、手段を全て伝えることで、子供たちはその得た技能を活用してより創造性を発揮できるようになると、つい考えてしまうからです。

　しかし、これでは子供たちは教師が教えた枠の中から出られなくなってしまい、結果としてみんな同じようなプレゼンになってしまいます。もちろん、デバイスやアプリケーションの基本的な使い方については伝える必要があります。しかし、そこから先は、子供たちが「このプレゼンのこの2枚の写真に動きをつけて、より違いが相手に伝わるようにしたいな」のように、個々のプレゼンテーションの内容に応じて新しい機能を知る「必要感」を抱いてからその方法を伝えるからこそ、「子供の発想力を形にする」ための手段となるのです。

　とはいえ、今までの経験から言いますと、子供たちは「必要感」を抱けば、こちらが伝えなくても自分で考えを具現化できる機能を発見し、そしてそこから自然と創造性を発揮していきます。つまり、教師が最初から必要な機能を全て伝えるということは、教師が安心するための方策に過ぎず、むしろ子供たちの学びの機会を意図的に減少させてしまっているのです。これはＩＣＴを活用することに限った話ではありません。教師自身が考える自分自身の最高の完成品とそのつくり方を全て子供たちに示すことは、結果として子供の創造性を阻害してしまうことは、ＩＣＴ以外の場面では容易に想像ができます。しかし、ＩＣＴ活用の場面になると、「子供たちは、ＩＣＴを使いこなせないのではないか」という大人が考える不安が先行し、つい全ての手段を伝えてしまうのです。

　必要最低限の基本的な使い方は子供たちにきちんと伝えつつ、そこから先は子供たちが学びを創る中で生まれる「必要感」に応じて、必要な技能も伸ばしていくことで、子供たちは主体的に学びながら同時に技能も身につけていくことができるのです。

教師が教え込む授業は目的達成のための手段の質を追求させ、子供が学び取る授業は目的達成のための手段の意味を追求させる。

2

調べたことを発表する場面は子供の学びの中でよくあります。例えばプレゼンテーションをする際、「声の大きさ」や「スライドの構成」「話す内容」などの質を向上させるべく、教師は何度もプレゼンテーションの練習をさせたり、アドバイスをし合う場面をたくさん設けたりします。もちろん、質を追求することは大切な要素の1つです。しかし、いくらアドバイスを出し合っても、目的意識が明確でなければ、それは、教師の意図が入った、教師目線での「よい」プレゼンになってしまうのです。

例えば、学校がある地域について紹介するプレゼンをする場面があるとします。「市役所の広報の方と協力し、地域の魅力を発信する」という目的があるとすれば、まずはその「発信手段」について、追求する必要があります。仮に伝える相手が目の前にいない人であったり、不特定多数の人であったりする場合には、プレゼンテーションではなく、アプリをデザインするなどの別な手段の方が効果的な場合もあります。また、地域の方々や保護者、後輩など、対象となる人によっても「話す内容」はもちろん変わります。そういったことを子供たち自身で考える場面がなければ、子供は曖昧に発表内容を考え、また発信手段そのものの視野も狭くなってしまうのです。子供たちがその目的や手段の意味をきちんと理解していれば、「声の大きさ・話し方」「内容」「スライドの構成」などは自力で改善・修正できるようになります。また、手段の意味を追求することを続けていれば、状況に合わせてアウトプットする方法を自ら考えられるようになります。「プレゼンテーション」「アプリケーションデザイン」「動画制作」等のたくさんの手段から、子供はよりよい手段を選択し、目的達成のために、自ら学びを主体的・協働的、そして創造的に深めていくのです。

3 教師が教え込む授業は「記録」を残させ、子供が学び取る授業は「記憶」も残せる力を身につけさせる。

ＩＣＴを活用する場面は「発表」「共有」など様々ですが、その中でも最も活用される場面の1つに「記録」があります。デバイスにはカメラ機能がついているものも多く、時として教師も後の学習につなげるためにデバイスを活用して対象物や事柄をカメラやビデオで「記録」をしておくように指示します。また、たとえ指示がなくても、子供たちは自分のデバイスを持つと、あらゆる物事を記録するために、カメラ機能を多用することがあります。確かにこの「記録」ツールは、後から見返して学びにつなげる手段としてはとても有効であると言えるでしょう。

しかし、「記録」というものは、後で見ることが前提であるということを忘れてはいけません。「記録」をすることで、リアルタイムで行われている事象を画面越しで見るだけでなく、その事象に疑問を抱いたり、その場で質問をしたりといった、多くの学びに向かう姿勢が生まれにくくなることもあります。例えば、花火大会を想像してみてください。花火を実際に見ることによる感動は、一瞬で消えてしまいますが、思い出という「記憶」には残ります。しかし、その花火をスマホなどで撮影している人には、「綺麗に撮影したい」といった別の思考が働き、その感動が薄れてしまいます。無論、後日その「記録」を改めて見返すことはできますが、たとえとても綺麗に撮影できていたとしても、その場で味わえた感動は、二度と味わうことはできないでしょう。子供たちの感動から知的好奇心や探究心を生み出すためには、必要な「記録」を残すための情報を取捨選択する力をきちんと身につけさせることが重要です。実物との出合いによって生まれる感動や疑問といった「記憶」があるからこそ、デバイスに残した必要な「記録」をもとに考えを共有し、子供の学び合いがより深まることにつながるのです。

比較分析

教師が教え込む授業 × 子供が学び取る授業

宿題

立命館中学校・高等学校　宍戸　寛昌

1 教師が教え込む宿題は覚え込ませようとし、子供が学び取る宿題は気づかせようとする。

すべての子供の真面目な取り組みが前提になっていないか

たとえば熟語に習熟させるための宿題を出すとしましょう。「ノートに十回も書けば覚えるだろう。それともプリントのマスを埋めさせる方がいいかな。ミニテストを予告すれば、もっと本気で覚えるかも」多くの宿題はこのような思考を経て決められていきます。そこには、子供は言われたことに真剣に取り組むのが当たり前という教師側の一面的な前提が隠れています。だから子供は、宿題を楽に早く終わらせる方へと工夫をし始めるのです。

自身のまだまだな部分に気づくことのできる宿題に

先生に言われたから、叱られたくないからやる宿題。そこから脱却するには「まだまだな自分」に気づき、向き合わせるステップが必要です。1枚プリントの表に問題を、裏に答えを印刷します。折り返すとすぐに答え合わせができるので、子供は丸つけまであっという間に進めます。そして、間違えた熟語だけを、答えの下にある枠に練習させるのです。苦手な漢字に気づき、その練習に注力することで、子供は宿題の意義を認め始めます。

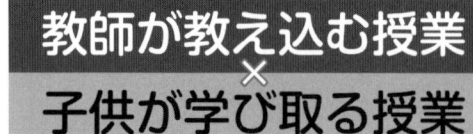

2

教師が教え込む宿題は多様な課題と同じ形式でできており、子供が学び取る宿題は同じ課題と多様な形式でできている。

同じ形式で宿題を出すことのメリット・デメリット

家庭での学習習慣を身につけさせることも宿題の大きな目的です。そのため「月から水は漢字ドリル、木金はプリントで演習、土日は問題集」のように、やり方を固定することが大切です。同じ形式・方法で進めることは、子供に安心感を与えます。「いつもと同じやり方だ」と思うことで、宿題に対するストレスやプレッシャーは大きく軽減され、毎日こつこつ学び続ける子供が育ちます。あとは日々違う課題を与え続けるだけでうまくいきます。

…と思っていた時期がわたしにもありました。実際には同じ形式の宿題を出せば出すほど、子供は作業的に進めるようになります。効率がよくなることで、頭には残らなくなるのです。

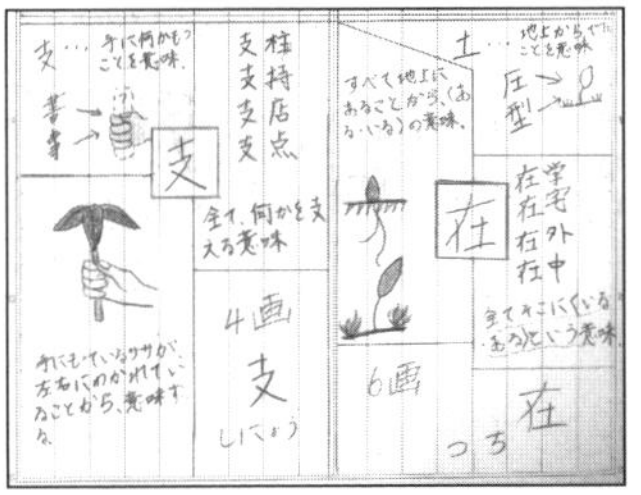

変化ある繰り返しを宿題の形式にも

宿題を子供自身が学び取るものへと転換するキーワードは「変化のある繰り返し」です。例えば「プリントの問題を解いて丸つけと直しをする」と出した宿題を、「教師の解答例が書かれたプリントの間違いを見つけて直す」「答えを示さず答えに導く最適なヒントを書き込む」のようにやり方を変えて再度取り組ませると、意欲が高まるだけでなく、理解も深まります。毎回同じやり方で進めるのが当たり前という宿題の出し方が、教師側の思考停止にならないようにしたいものです。

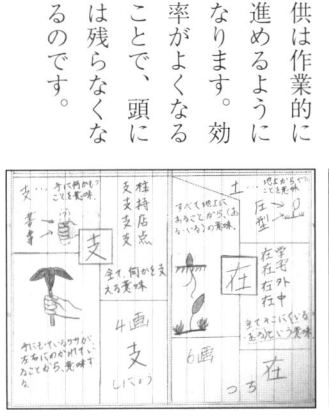

3

教師が教え込む宿題は復習で学習内容の定着を図り、子供が学び取る宿題は予習で学習への構えをつくる。

学校は学ぶところ、家庭はそれを復習するところ、という固定化した捉え

「宿題とは、学校で習ったことをきちんと身につけるために行うもの」とは大人の中に根強く残る認識です。ですから、学校で習っていない内容を宿題として出すことは学校としても家庭としてもあり得ないのが現状です。確かに、授業で得た学びを家で再考・省察することは、学習内容の定着に効果的です。しかし、「知識とは教えてもらって習得するもの」という学習観から抜け出さないと、いつまでも授業と家庭学習は乖離したままです。もっと、授業の続きをそのまま家で行う、個人が家庭で調べたり考えたりしてきたことを、授業に生かすというように、授業と宿題をつなぐのりしろの部分をつくることはできないのでしょうか。

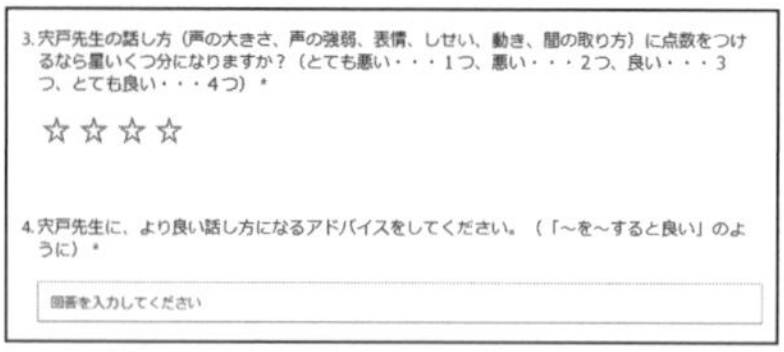
3. 宍戸先生の話し方（声の大きさ、声の強弱、表情、しせい、動き、間の取り方）に点数をつけるなら星いくつ分になりますか？（とても悪い・・・1つ、悪い・・・2つ、良い・・・3つ、とても良い・・・4つ）＊

☆☆☆☆

4. 宍戸先生に、より良い話し方になるアドバイスをしてください。（「～を～すると良い」のように）＊

回答を入力してください

「先に学んでおく」ことで宿題と授業がシームレスになる

上の写真は、国語で説得力のあるスピーチを行う前に行った宿題です。教師のスピーチ動画を視聴し、評価をフォームアプリで送るまでを家庭で行います。次の日の授業では、集まった評価を基にルーブリックを作成するところから始まります。そして、その日は作成したルーブリックを基にスピーチの練習をしてくることが宿題となります。このように、家庭での学びが目に見える形で生きることは、宿題にも授業にもよい影響があると言えます。

教師が教え込む宿題は学習の量を担保し、子供が学び取る宿題は学習の質を担保する。

4

学習量を可視化するのは、大人の安心感のためか

とかく教師は忙しいので、宿題の確認を「やったかどうか」で判断しがちです。そのため「字が汚くても、間違っていても、漢字を10回書いてあればOK」「直していなくても、とりあえず問題集をやってあったらOK」と妥協してしまう場面も出てきます。そこには、宿題には家庭での子供の学習量（作業量）をある程度確保することが大切であるという思想が見え隠れします。学習時間の目安を（学年×10分＋20分）のような式で表すのもそうです。

子供が学びに費やした作業量（学習時間や学習成果）を見ると、教師も親も何となく安心してしまうものです。もちろん、これらの累積により学力は高まるのですが、宿題をしているポーズに囚われすぎると、学びが矮小化してしまう恐れも出てきます。

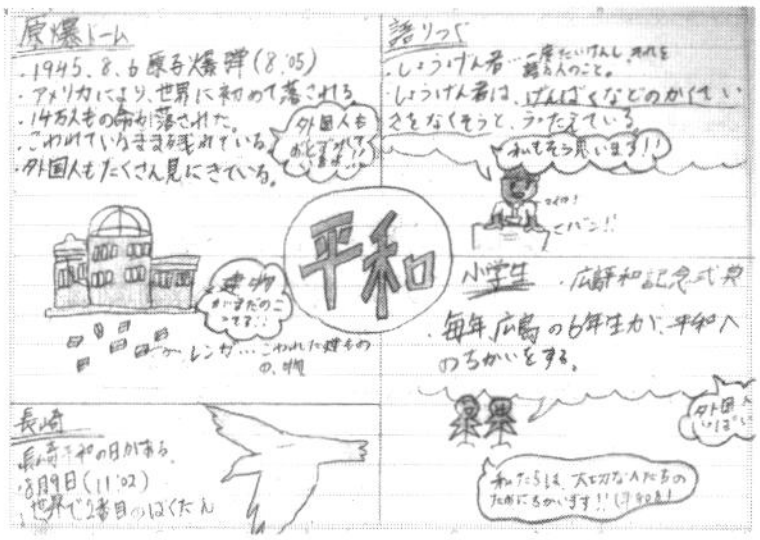

質の担保があってこそ、量が生きる

急激な時代の変化の中で学び続ける子供には、自己調整の力が必要となります。その中には、自ら宿題の内容や方法をプランニングすることも含まれるのです。ですから、安易にプリント何枚、1日何分間と宿題の量を決めることは学びを阻害することにもつながります。上の図は「ＮＨＫ　ｆｏｒ　Ｓｃｈｏｏｌ」の指定された4つの動画を見て、その内容と感想をノート1ページにまとめてくるという宿題です。学びたくなる課題を提示すれば、子供の宿題の質は大きく向上します。

「主体的に学習に取り組む態度」の学習評価，8つの原則

早稲田大学　田中　博之

1 評価の客観性を担保するために，文章記録等のエビデンスが残るものを評価対象にする

2 子どもが残した文章記録（レポート，教科新聞，ノート，振り返りシート，ワークシートなど）を主な評価対象にして，適宜授業中の行動や発言を対象にした観察や授業後に行う面接を組み合わせる

3 学習評価の対象とする文章記録を子どもたちが書くときには，自由に書かせるのではなく資質･能力の習得を示す観点を明示して書かせるようにする

4 教師の主観をできる限り排除するために，判断基準を明示したルーブリックを作成し学習評価の指標として活用する

5 締切を延ばしたり代替方法を提供したりして，書くことが苦手な子への合理的配慮を行う

6 本時ではなく，単元のまとまり毎に子どもが残した記録を評価対象にする

7 各教科で各学期に１回ずつ重点単元を設定して，単元のまとまり毎の学習評価を実施する

8 児童生徒や保護者に，学習評価の観点や判断基準を開示して説明責任を果たす

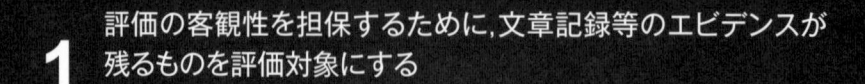

原則1 評価の客観性を担保するために、文章記録等のエビデンスが残るものを評価対象にする

まず、エビデンスとして残る児童生徒の文章記録を主な評価対象にする理由は、それが教師の評価活動の時間的保障を可能にするとともに、どの子にも公平な評価時間を配分することができることから、公平な学習評価ができるようになるためです。その逆に、子どもたちの授業中の行動や発言を評価対象にするときには、録画や録音をしなければ瞬間に消えてしまうため、一人ひとりの児童生徒の成果と課題を丁寧に見取ることができないというデメリットが大きいです。ただ、録画や録音は頻繁に行えないため、ワークシートやはがき新聞、学習評価レポート、ポートフォリオなどの文章記録を対象とすることで、教師がすべての児童生徒の学習状況を公平かつ客観的に捉えることができるようにしたいのです。

以上のことから、指導要録に記載可能な資料を得るための学習評価についてはその公平性と客観性を担保するために、子どもたちが残した文章記録に頼らざるを得ないのです。

さらに、保護者や児童生徒に学習評価の対象や基準、回数、方法等についてしっかりと説明責任を果たして納得を得て、教師との信頼関係を築くことが大切です。特に、指導要録で「主体的に学習に取り組む態度」はどう評価されているのだろうかと、保護者や児童生徒は不安になるものです。その意味でも、この観点での学習評価の主たる対象を子どもが書いた文章記録にすれば、記録として残された子どもの作品をもとにして評価結果の妥当性を説明しやすくなります。

原則2 子どもが残した文章記録（レポート、教科新聞、ノート、振り返りシート、ワークシートなど）を主な評価対象にして、適宜授業中の行動や発言を対象にした観察や授業後に行う面接を組み合わせる

ただし、すべての評価対象を文章記録にすべきとは考えていません。

少し客観性と公平性は低下しますが、自校において学校の評価ポリシーを策定して、児童生徒の授業中の「粘り強い取組」や「自己調整」という自らの学習を振り返って改善しようとする態度を見取ることを決めていれば、１時

間内にすべての児童生徒を対象にできなくても、単元のまとまりの中でそうした積極的な行動が見られた場合は、子どもたちの成長を見取り励ます評価の対象にしてもよいのです。

ただしその際に注意すべきことは、授業中の行動観察を通して「主体的に学習に取り組む態度がC判定であった子どもたちを観察するだけで放置してよいのか?」、または、「評価に忙しくて、指導しないで評価ばかりしていてよいのか?」という難しい問いが残されることです。

つまり、観察した時点でC判定であったとしても、その子にしっかりとした学習支援をすればB判定になりそうであれば行動観察をやめてまず支援を優先すべきでしょう。教師にとっては、子どもの評価よりも子どもを伸ばす指導を優先することは当然の責務だからです。

したがって、指導を忘れて授業中に評価ばかりしているのではなく、B判定やC判定になりそうな児童生徒に対してはしっかりとした指導で学習状況の改善を積極的に働きかけることを忘れてはなりません。

加えて、文章を書くことが苦手な児童生徒には、合理的な配慮として締め切りを延期したり、放課後に短時間でも面接をして自らの学習状況を資料に沿って話してもらったりすることをおすすめします。

原則3 学習評価の対象とする文章記録を子どもたちが書くときには、自由に書かせるのではなく資質・能力の習得を示す観点を明示して書かせるようにする

次に、レポートや教科新聞を書かせて、その中に現れる「粘り強さ」や「試行錯誤している」過程、「自らの学習状況を把握している」(つまりメタ認知している)様子を評価することができるようになるためには、単に子どもたちが自由に文章を書き残していれば十分であるというわけにはいきません。

なぜなら、自由に書かせてしまうと、実際に求められている資質・能力を習得していないから記述していないのか、それとも、習得はしているがたまたまそれを書くように求められなかったために書いていないのかの区別がつかなくなるからです。つまり、学習評価の妥当性が担保できないのです。

そこで、評価の観点や判断基準を子どもたちに示し、そこに含まれる資質・能力を理解してもらうことで、そ

の単元で求められている資質・能力の習得状況について子どもたち自身が詳しく事実に基づいて書こうとする態度を担保することができるようになるのです。学習評価の対象となる文章記録を子どもたちに書かせるときには、「何についてどのように書けばよいのか」を条件として示すルーブリックを活用することが大切です。

原則4　教師の主観をできる限り排除するために、判断基準を明示したルーブリックを作成し学習評価の指標として活用する

原則3と関連しますが、学習評価における教師の主観を排して、少しでも評価の客観性と妥当性を担保することを可能にする評価技法としてルーブリックを用いることをおすすめします。

もちろん、ルーブリックは記号選択式や用語記入式のペーパーテストほどの客観性は担保できませんが、少なくとも教師と保護者、児童生徒がそれを共有して合意するとともに、それによって達成すべき資質・能力を文章で明瞭に記述し、さらに資質・能力の習得状況のレベルを具体的に単元の学習内容に即して示すことで、少しでも評価の客観性を高めようと努力することが大切です。

その逆に、ルーブリックを使わずに教師の経験と勘と慣習（評価の３Ｋ）で、子どもが残した文章記録や作品を見ながら、「エイ、やっ！」と主観的に評価していたのでは、自身の教科の高い専門性を示すことはできても、必ずしも保護者や児童生徒からの納得と信頼は得られないでしょう。

ルーブリックは、初めは経験がないのでつくれるだろうかと不安になるものですが、事例集も出ていますので、書籍を参考にしながら自校の児童生徒の実態に合わせて校内で少しずつ作成し蓄積するとよいでしょう。

原則5　締切を延ばしたり代替方法を提供したりして、書くことが苦手な子への合理的配慮を行う

すでに原則2でもふれましたが、「主体的に学習に取り組む態度」については、発達障害との関わりで苦手意識や困り感のある児童生徒が少なくありません。資質・能力として21世紀社会を生きるために必要であるとしても、特に情緒のコントロールが苦手な児童生徒にとって「粘り強い取組を単元を

貫いて行う」ことは困難なことです。

そこで、提出物の締め切りの延期、対面での面接を通した学習状況の聞き取り、文章記録の代わりとなるポートフォリオ資料の提出など、いくつかの合理的配慮の方法を学校の評価ポリシーに入れておき、校内の全教員が一致して学習評価における合理的配慮を実施できるようにしましょう。

原則6 本時ではなく、単元のまとまり毎に子どもが残した記録を評価対象にする

次の原則は、単元のまとまり毎の学習評価という考え方です。「主体的に学習に取り組む態度」は、1時間や2時間の学習過程で発現するものではありません。その特長である、試行錯誤や粘り強さといった用語そのものが、児童生徒の中長期的な学習過程を必要とすることを示しています。つまり、「主体的に学習に取り組む態度」が身についたかどうかは、少なくとも1つの単元が終了するまでの数時間の学習過程における子どもの学習状況を継続的に見ておく必要があるのです。「主体的・対話的で深い学び」が、学習指導要領において、単元のまとまり毎の授業改善を求めていることからもそのことが理解できるでしょう。

原則7 各教科で各学期に1回ずつ重点単元を設定して、単元のまとまり毎の学習評価を実施する

ただし、1つの単元の学習過程を見ていくことを原則にするからといって、実用的な視点から見ると、それは決して各教科で全単元を評価対象にすることは望ましくありません。たとえそれが理想であっても、教師と児童生徒にかかる負担を考慮すると、各学期に各教科で重点単元を1つ決めて、その中で子どもの「主体的に学習に取り組む態度」の習得状況を見取ることが実用的です。

また、指導要録における観点別学習状況の評価においては、年間で複数回の学習評価の結果を総括すればよいわけですから、各学期に重点単元での学習評価が1回でもあれば十分であるといえるのです。したがって、重点単元を決めるときには、できるだけ長い学習時間を割り当てられることや、「主体的・対話的で深い学び」の視点を生かした授業改善をしっかりと行うこと、そして、子どもたちに書く観点を示した文書記録づくりを必須条件とするこ

とができるほどの豊かな学習内容があることなどを判断のポイントにするとよいでしょう。

原則8 児童生徒や保護者に、学習評価の観点や判断基準を開示して説明責任を果たす

すでに原則1でも少しふれましたが、保護者や児童生徒に学習評価の対象や基準、回数、方法等についてしっかりと説明責任を果たして納得を得て、教師との信頼関係を築いておくことが大切です。

なぜなら、「主体的に学習に取り組む態度」は考え方が曖昧であるために、保護者や児童生徒が、「どのようにして評価されるのか不安」と感じるのも仕方のないことだからです。

特に、小学校6年生や中学校3年生の児童生徒や保護者にとっては、進路と絡んで「調査書」にどのような評価結果が記載されているのかについて、学校や教師との信頼関係が構築されていなければ、疑念や不信感、疑心暗鬼は増すばかりになります。

そのために、保護者会や学校だよりなどを通して日頃から、この「主体的に学習に取り組む態度」については、「この教科では、この作品やパフォーマンスを対象として、このルーブリック表を用いて、この学期のこの単元とこの単元で学習評価を行います」といった通知をするとともに丁寧な事前説明をしておくことが不可欠です。そして、保護者から評価結果についての説明が求められたときには、少なくとも当該の児童生徒の作品や資料が残っていれば、あとは評価をつけた判断基準を示すルーブリック表と、「主体的に学習に取り組む態度」の学習評価を実施した回数分の評価結果をもとにして、エビデンスに基づく丁寧な説明をすることで、保護者の納得を得られやすくなるのです。

その反対に、進学意識の高い保護者が低い評価結果に関するクレームをしに来ているときに、評価エビデンスを示さずに、「授業中に見ていましたのでご安心ください」とか、「お子さんの作品や演奏を見るだけですぐに評価は決まります」などと言ってもうまく理解してもらえませんので注意が必要です。

【参考文献】
田中博之（2020）『「主体的・対話的で深い学び」学習評価の手引き』教育開発研究所

教科別に徹底解説！

子どものノートと「主体的に学習に取り組む態度」の評価

国語

福島県須賀川市立第一小学校
渡部　雅憲

Point 1　子どもの姿と振り返りの往還関係で見取る

実際に見取った子どもの姿と振り返りをリンクさせて，主体的に学習に取り組む態度を評価します。見取った学習の様子について，振り返りを読むことで，その時の行動や様子の意味を捉えることができます。反対に，振り返りからその子の学びの様子を知ることができ，次時では実際の姿を見取る視点やきっかけにもなります。

Point 2　子どもの振り返りをもとに視点を整理していく

振り返りの視点を実際の子どもたちの振り返りをもとに整理していくことで，子どもたちの振り返りがより詳しくなります。教師から視点を与えるのではなく，子どもたちの実際の振り返りを学級で共有する中で，視点を整理していきます。子どもたちの振り返りをもとにすることで，視点をイメージしやすくします。

Point 3　子どもの学習の軌跡から評価する

教材や課題と向き合い，考えていく粘り強さは，子どものノートの記述や教科書に書かれたメモなど，学習の軌跡から見取るようにします。自分が気づいたことや疑問に思ったことは，ノートや教科書に書き込みます。その子の教材や課題への向き合い方，思考した軌跡の一部を見取ることができ，評価につながっていきます。

Point 1 子どもの姿と振り返りの往還関係で見取る

まず、主体的に学習に取り組む態度は、1つの評価方法では、見取ることは難しいと考えます。子どもたちがノートに書く振り返りも大切な学習の軌跡です。しかし、それは、主体的に学習に取り組む態度を見取る1つの材料です。つまり、ノートに記されたその子の考えや振り返りなどは、評価する1つの視点であることをまず念頭に置いて、見取ることが大切です。

主体的に学習に取り組む態度を大きく分けて、「①学習に関する自己調整を行いながら」、「②粘り強く知識・技能を獲得したり思考・判断・表現したりしようとする」態度とすると、ノートに書かれた振り返りのみで評価しようとした場合、振り返りに「友達と考えを交流しながら、最後まで諦めないで考えることができました」と書かれていれば、評価は、「A」ということになります。ノートに書かれた考えや振り返りのみで見取るのではなく、発言や学ぶ姿などとリンクさせることで、その子の学びのストーリーを見取ることができると考えます。そのストーリーをもとに評価していきます。

例えば、本のキャッチコピーを考える学習で、教師は、なかなかキャッチコピーを書けない子の姿を見取っていました。時間内になんとか完成できた後、振り返りには、**「難しかったけど、○○さんに聞いたら、イメージができて、やってみたら簡単でした」**と書かれていました。この子は、キャッチコピーづくりに苦戦する中で、その状況を乗り越えるために、友達の考えを参考にする方法を選び、完成させることができたのです。このように、学ぶ姿だけでは見取れなかった部分が後に書かれた振り返りで紐解かれました。

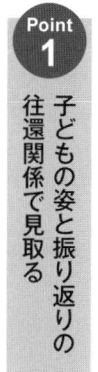

また、振り返りによって、気づく子どもの学びの姿もあるでしょう。**「自分で考えても、理由を話すことはできなかった。けど、友達と考えたら、いろいろなことを思いつくことができた」**という振り返りがあり、次時にその子を見ると、じっくりと1人で考える中で、友達に「どんなこと考えた？」と尋ねたり、その後、また1人で考えたりする姿が見られました。振り返りをきっかけにして、次の時間にその子の姿を見取り、自己調整や粘り強く学習に取り組む態度を評価することができました。

振り返りをもとに評価する中で、低学年では文章化できないという状況もあります。その場合は、「◎・○・△」を用いた自己評価をします。そして、教師が全体で子どもにインタビューしながら、言語化させ、それを短文で文章化させていきます。こうして、学習を振り返っていく経験を重ねていきます。文章での振り返りに慣れてきたら、「！（よくできたこと）」などのマークを用いて、振り返りの視点を選択して、振り返りを書くこともできます。

Point 2 子どもの振り返りをもとに視点を整理していく

子どもたちが振り返りを書くのはなぜでしょう。教師にとって、評価を行うためにノートの振り返りは大切な根拠です。しかし、それはあくまで教師側の理由であり、何より大切なのは、子どもたちが学習を振り返る意味です。振り返りを行う意味は、例えば、「自分が学んだことを自覚する」、「自分の学び方を振り返り、自覚する」、また、「次の学習に生かす展望をもつ」など様々です。子どもたちと意味をしっかり共有することで、ただ書かされているものから、自分にとって必要なものという認識へ変わっていくと考えます。

そうした意味を何度も丁寧に共有した上で、振り返りを自分ごととして書いていきます。その際、振り返りを書く視点は重要です。しかし、初めに教師側から、「『今日の学習をこれからどんなふうに生かしていきたいか』を書いてください」と視点を提示すると、「それについてだけ書けばいい」という思考になってしまい、前述した振り返る意味が抜け落ちてしまいます。

振り返る視点は、あくまでも参考視点として提示します。自由記述と参考視点のバランスをとっていきます。黒板にメモ程度に視点を書き、「このような視点もあるね」といくつか提示したものを子どもたちが選択したり、参考にして考えたりしていきます。振り返りを蓄積していく中で、教師から「こんな視点で振り返りを書いているよ」と実際に子どもが書いた振り返りをもとに視点を整理していきます。私が実際に子どもたちと整理した視点では、**「この時間で勉強になったこと」「どのような方法で学習したか」「その学習の仕方でよかったか」「これからの学習や生活で生かしたいこと」**などです。こうした視点は、子どもたちの振り返りを振り返りながら、少しずつ視点が整理されたり、新しい視点が生まれたりしていきます。初めは、「〜が勉強になりました」というものでも、

「詩には、一文字一文字にいろいろな意味があるということが勉強になりました」というように、自分がどんなことを学んだのかをより鮮明に振り返ることができます。こうした鮮明な振り返りは、その子がどのように教材や課題と向き合っていたかを知ることができますし、学びの過程なども書いてあれば、その子の学習への自己調整や粘り強さ、関心意欲の高さなどを評価していくことにもつながります。さらに、前述したように、振り返りをもとに、次時に改めてその子の学びの姿を見取り、評価することもできます。

Point 3 子どもの学習の軌跡から評価する

子どもたちが学習した軌跡には、様々なものがあります。前述した振り返りもその1つです。他には、ノートに書いた自分の考え、そして気づきをメモした教科書も大切な軌跡であり、評価する上で重要な根拠となります。

「読む」単元の学習では、学習の中で自分が気づいた点などを自由に書き込むことをすすめています。子どもたちが文章を読む中で、「疑問に思ったこと」や「気づいたこと」、「自分の考え」など、様々な視点で言葉を書き込んだり、文章に線を引いたりしています。また、ノートに考えを書く活動でも、友達と話し合う中で考えが変わった際などは、書いてある考えを消さず、隣に書き足すなど、自分の考えの変化がわかるようにします。そうした学習の軌跡をもとに、主体的に学習に取り組む態度を評価していきます。もちろん考えを多く書いていればよいというわけではなく、1つの評価の観点です。

こうした書き込みから、何度も読む中で新たな視点を見つけたり、自己の考えを何度も見つめ直したりする姿勢や新たな疑問を見つけて、学習を自分なりに広げていく姿勢を見取ることができます。それは、「学習に関する自己調整を行いながら」、「粘り強く知識・技能を獲得したり思考・判断・表現したりしようとする」態度の評価につながっていきます。また、考えを聴き合った友達の名前を書く子もおり、友達と考えを深めよう、課題を解決するために友達の考えを聴こうという姿勢を見取ることもできます。自分で考え、判断して書き込んだり、記述したりした言葉から、その子の教材へ向き合う熱量を感じることができ、評価していく大切な根拠の1つになります。

教科別に徹底解説！

子どものノートと「主体的に学習に取り組む態度」の評価

算数

東京都杉並区立杉並第七小学校
増本　敦子

Point 1 評価規準を設定し，評価計画を立てる

まずはじめに，学年目標に示された内容をもとに，具体的な評価規準を設定し，評価計画を立てます。

Point 2 数学のよさに気づく様子を捉える

内容そのものに関わるよさ，考え方，表現の仕方のよさなどに気づく姿を振り返りの記述などから捉えます。

Point 3 次の学びにつなげようとする姿を捉える

学習を振り返り，新たに考えるべきことは何かを考える姿を振り返りの記述などから捉えます。

Point 4 学んだことを活用しようとする姿を捉える

これまでに学んだことをもとに自力解決しようとしたり，学んだことの何が使えたかを振り返ったりする姿を捉えます。

Point 5 1時間の子どもの考えの変容を捉える

自力解決と振り返りの記述をもとに，友だちと学び合うことを通して，どのように考えが変容したかを捉えます。

Point 1 評価規準を設定し、評価計画を立てる

学習指導要領には「学びに向かう力、人間性等」について、内容ごとの目標が示されていないので、学年の目標（3）を参考にして、単元ごとに「主体的に取り組む態度」を設定します。本稿では、第2学年「水のかさ」を例に解説します。第2学年の「学びに向かう力、人間性等」の目標は、「数量や図形に進んで関わり、数学的に表現・処理したことを振り返り、数理的な処理のよさに気付き生活や学習に活用しようとする態度を養う」です。そこで、評価規準を「かさを測定したり、比べたりしたことを振り返り、普遍単位を用いて数値化するよさや普遍単位を用いることの必要性に気づき生活や学習に活用しようとしている。（②）」「長さの学習をもとに、かさの表し方を考えようとしている（③）」としました。また、自らの学習を調整しながら、学ぼうとしている態度について、思考・判断・表現の評価「かさの比較や測定の仕方を考えている」とセットで「考えようとしている（①）」姿を評価することとしました。

1時間で全員を評価することは難しいことや、学び合う中で「適切な単位を用いて数値化しようとする」態度や「長さの学習を活用しようとする」態度が成長していくことから、評価の機会を何度か設け、その中で全員を評価していきます。また、本稿ではノートの記述でどのように評価するかを示しており、実際には、授業の中での児童の活動の様子や発言なども評価の対象としています。（上表参照）

単元の指導計画・評価計画

時	学習活動	評価	
1	・ペットボトルなどの容器に入る水のかさの表し方，比べ方を考える。	①	
2	・「デシリットル（dL）」を知り，ペットボトルなどの容器に入る水のかさを dL ますを用いて表す。	②	③
3	・1dL ますで，いろいろな容器に入る水のかさを調べる。		
4	・1L＝10dL であることを確かめる。 ・ペットボトル（2L）に入る水のかさを調べる。	②	
5	・1L＝1000mL，1dL＝100mL であることを確かめる。		

Point 2 数学のよさに気づく様子を捉える

第1時では、容器に入る水のかさの多い順をコップ何はい分で表すことで解決しました。第2時では、担任の先生が別の教室で第1時と同じように容器に入る水のかさを測っています。先

生から「第1時で、多い順に並べた容器の何番目に入るかな」と質問されました。でも、使っているコップは自分たちが使っていたものより大きいコップです。子どもたちは「同じコップじゃない！」ことに気づき、「水のかさをだれにでも伝えられるようにするにはどうすればいいかな」と問いをもちました。「長さのように単位があれば、だれとでも比べられる」と気づき、1dLという単位があることを知りました。

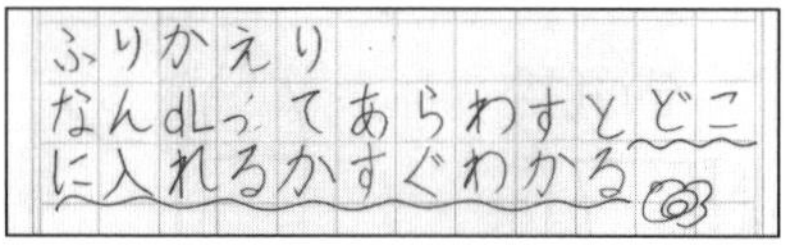

ここでは、振り返りの記述から普遍単位を用いるよさに気づいているかを評価しました。

Point 3 次の学びにつなげようとする姿を捉える

第3時では、いろいろな容器に入る水のかさを1dLのますを使って調べました。この活動を振り返り、子どもたちは1dLでかさを表すよさを再認識すると同時に、1dLのますだと困ったことも出てきました。ここでは、「長さの学習で、cmでは表せない半端な長さを表すために、新たな単位を用いたという経験をもとに、dLでは表しにくいかさの表し方を考えようとしている」姿を振り返りの記述から評価しました。

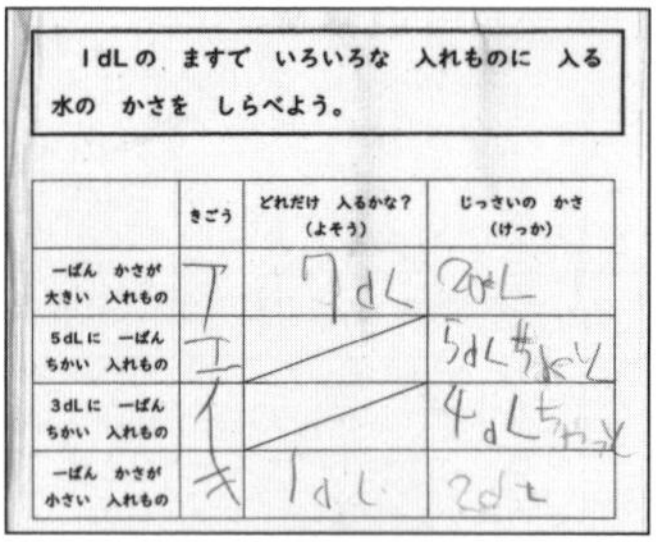
1dLの ますで いろいろな 入れものに 入る 水の かさを しらべよう。

	きごう	どれだけ 入るかな？（よそう）	じっさいの かさ（けっか）
一ばん かさが 大きい 入れもの	ア	7dL	9dL
5dLに 一ばん ちかい 入れもの	エ		5dLちょっと
3dLに 一ばん ちかい 入れもの	イ		4dLちょっと
一ばん かさが 小さい 入れもの	キ	1dL	2dL

Point 4 学んだことを活用しようとする姿を捉える

子どもたちは、「水のかさ」の学習の前に、「長さ」について学習をしています。ポイント2やポイント3で紹介した時間についても、「長さ」の学習から発想を得ています。第5時では、1dLより少ない半端なかさを表す方法を考えました。ここでは、子どもたちは、「長さ」の学習で、cmの単位で表せない半端な長さを表すためにmmを導入したこと、1cm＝10mmであったことをもとに考えようとしていました。このような姿を自力解決や振り返りの記述から評価しました。

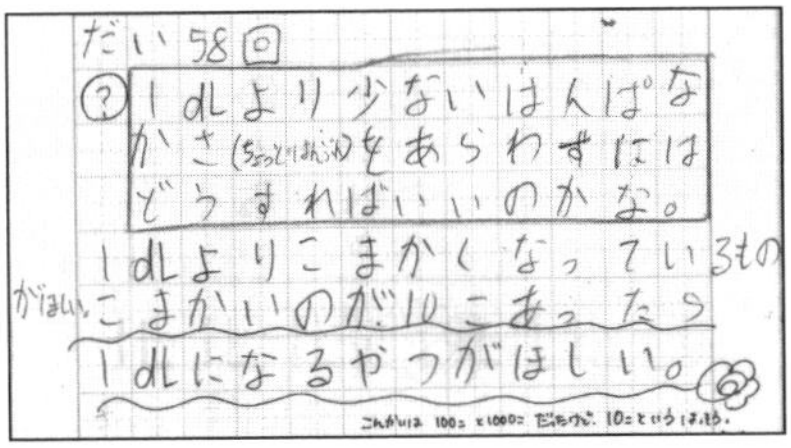

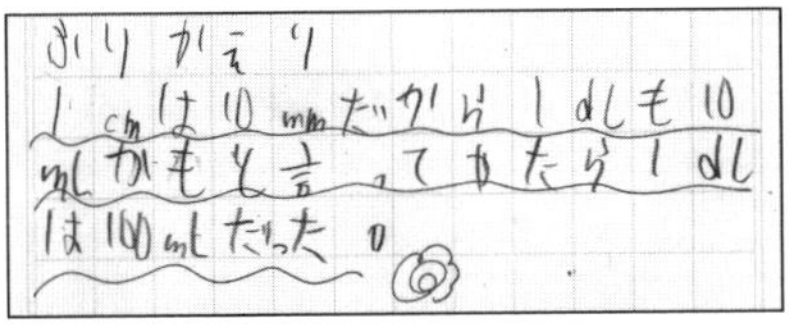

Point 5 1時間の子どもの考えの変容を捉える

自力解決と振り返りの記述から、考えがどのように変容したかを見取り、学び合うことを通して成長した姿を捉えます。第1時では、直接比較で考えた子どもが友だちの考えや実際にかさを比べる活動を通して、任意単位による比較の仕方に気づく様子が見られました。（下写真）

ここまで、ノートの記述をもとにどのように主体的に学習に取り組む態度を評価するかを述べてきましたが、最も大切なのは、具体的に評価規準を設定することだと考えます。評価規準があれば、それをもとに子供の姿を捉え、指導や評価、授業改善につなげることができるからです。

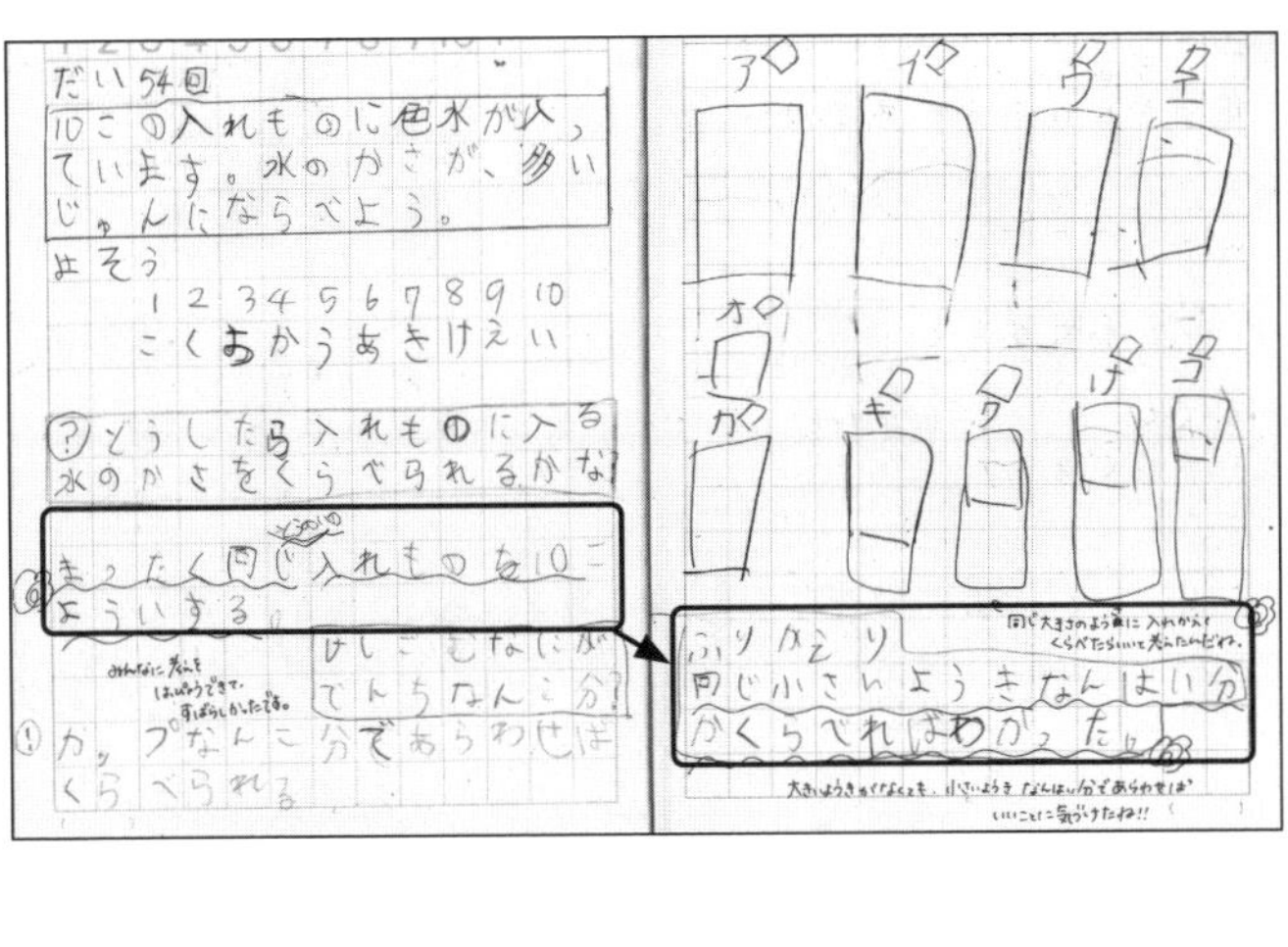

教科別に徹底解説！

子どものノートと「主体的に学習に取り組む態度」の評価

社会

東京都世田谷区立代沢小学校
横田　富信

Point 1 子どもの学習状況が現れるように活動を設定する

表面的な部分に引き摺られた評価とならないように，評価規準として設定した学習状況が現れるように学習活動を設定します。

Point 2 子どもが再検討する場面を設ける

「学習を振り返ったり見直したり」という点について見取るには，子どもが情報を整理したり考えたりしたことを自身で再検討する場面を設定します。

Point 3 学習問題について調べることを一人ひとりが書く

「学習の見通しをもつ」という点について見取るには，学習問題を追究するために調べる必要があることを，短冊などに表現させます。

Point 4 学習したことを生かしてよりよい社会を考える場面を設ける

「よりよい社会を考える」場面を設定することに加え，「学習したことを生かしている」という学習状況を教師が具体的に想定しておきます。

『「指導と評価の一体化」のための学習評価に関する参考資料　小学校社会』（国立教育政策研究所）によると、「主体的に学習に取り組む態度」の評価では「予想や学習計画を立て、学習を振り返ったり見直したりして、学習問題を追究・解決しようとしているか」「よりよい社会を考え学習したことを社会生活に生かそうとしているか」という学習状況を捉えることが目的となります。本稿では、子どもが記述したものをもとに、どのように見取ればよいかを述べていきます。

Point 1　子どもの学習状況が現れるように活動を設定する

評価場面は意図的に設定する必要があります。行き当たりばったりでは、挙手の回数や元気さなど、表面的な部分に引き摺られた評価となってしまいます。「主体的に学習に取り組む態度」は、「知識・技能」や「思考力・判断力・表現力等」を身につける場面でも見られることから、他の観点と連動することもしばしばあります。評価規準として設定した学習状況が現れるように学習活動を設定すること、つまり「態度」に着目できるようにしていく必要があります。

Point 2　子どもが再検討する場面を設ける

ここでは、第5学年「これからの食料生産」単元をもとに「学習を振り返ったり見直したり」に関わった評価方法を述べます。「学習を振り返ったり見直したり」という学習状況を見取るためには、そのような学習活動を設定

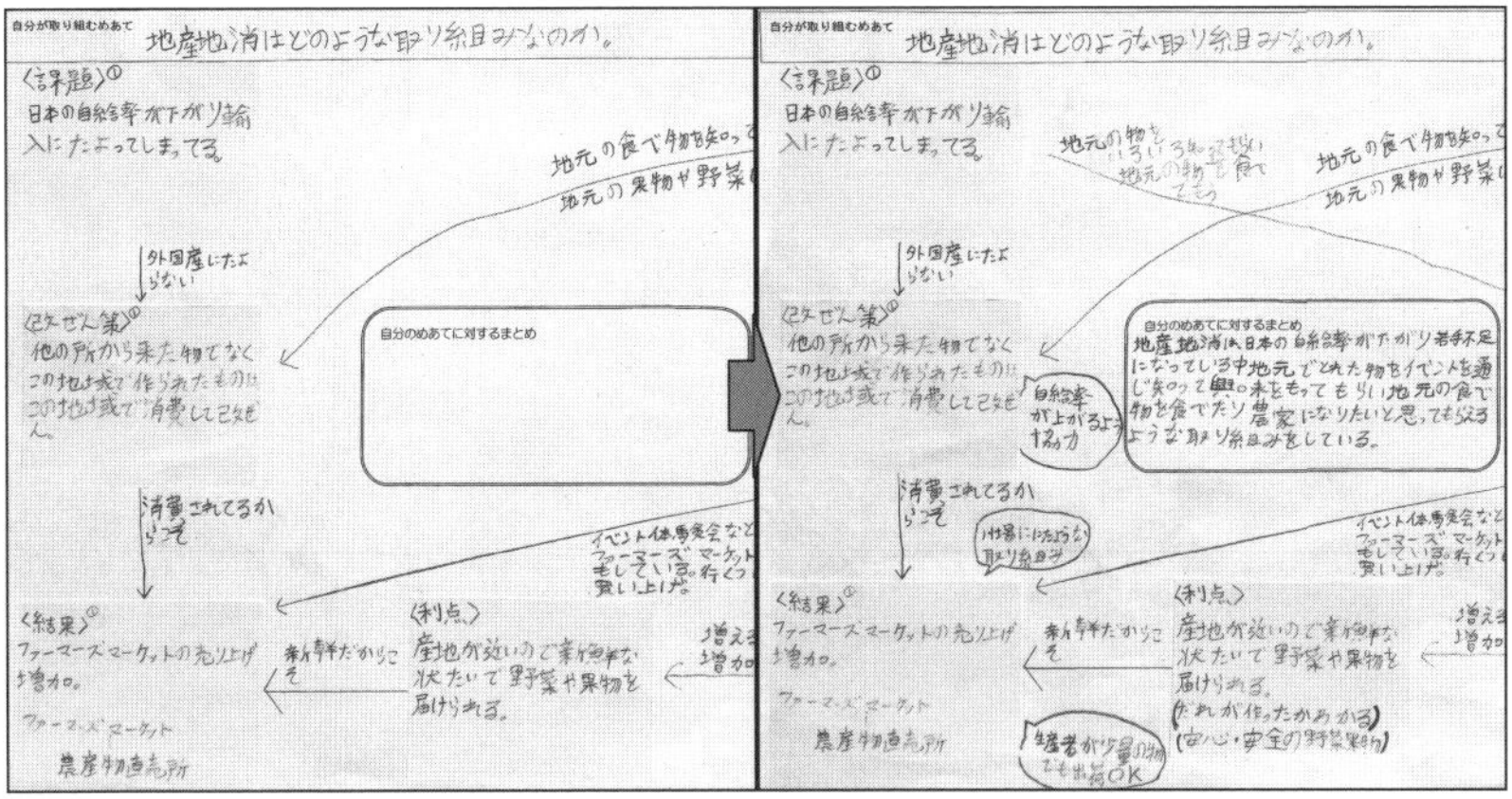

図1　「これからの食料生産」でのA児の学習調整

する必要があります。この単元では、子ども一人ひとりが食料生産の課題を改善する取り組みについて情報を集め、自分の考えをまとめるようにしました。

図1の左側は途中の状況です。右側は友だちと意見交換をすることを通して、情報をつけ足し修正している状況です。教師としてA児の学習状況を評価する際は「取り組みについて詳しい情報をつけ足そうとしているか」「取り組みの意図や目的について再検討しようとしているか」ということに着目しました。この学習活動では「知識・技能」を評価することも可能です。と同時に、「子どもが学習調整をする場面」を意図的に設定し、教師が具体的な視点をもつことで「主体的に学習に取り組む態度」を評価できるようになります。

Point 3 学習問題について調べることを一人ひとりが書く

ここでは、第6学年「江戸幕府と政治の安定」単元をもとに、「学習の見通しをもつ」ことに関わった評価方法を述べます。第2時では、「学習の見通しをもつ」という学習状況を見取りました。この単元の学習問題は「江戸幕府は長く続くためにどのような取り組みをしたのだろうか」です。これを追究するために、一人ひとりが調べる必要があることを短冊に書き、学級全体で整理しました（図2）。この短冊に書いたことを評価の材料としました。

「学習の見通し」についての学習状況を評価する際は「学習問題と関連しているか」「見方・考え方を働かせようとしているか」ということに着目しました。例えば、「朝廷や武士への法律はどのようなものだったのか」と書いている場合は見通しをもてていると判断しました。何も書けずに困っている子どもには「どの出来事を調べると学習問題につながると思いますか」などの助言をして、学習の見通しをもてるようにしました。

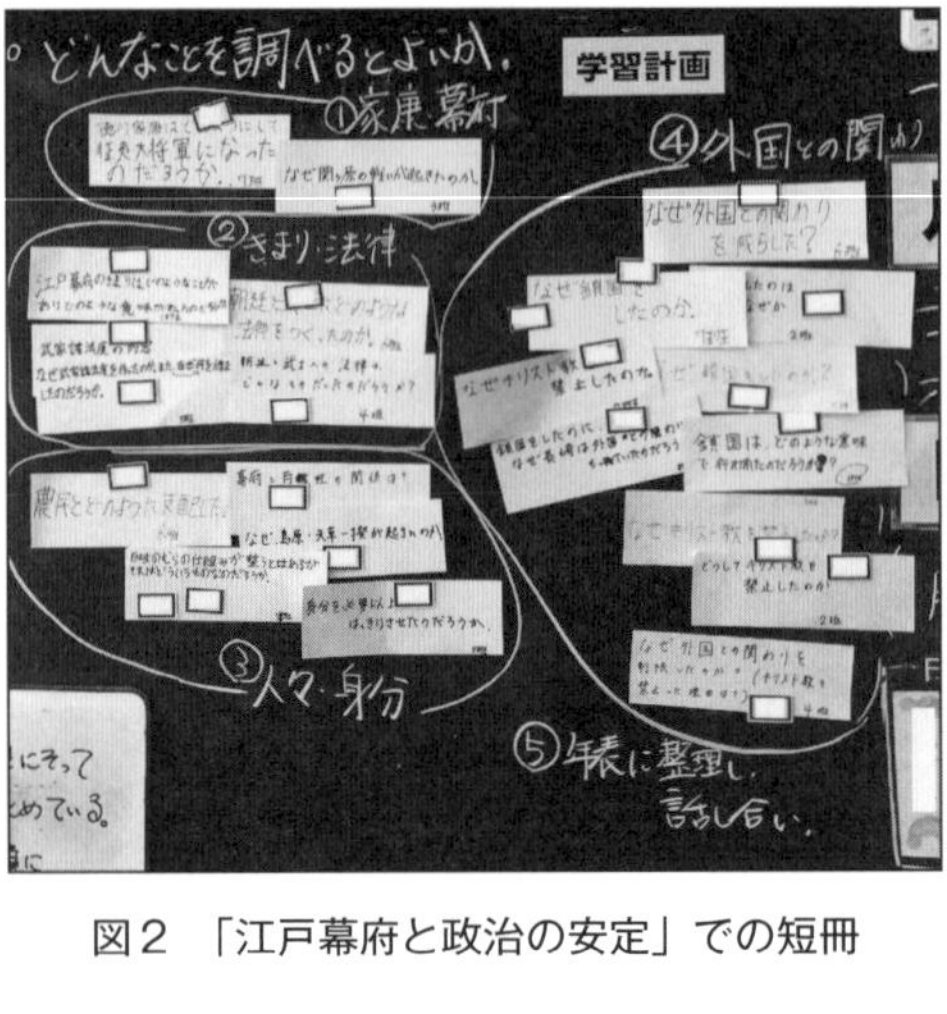

図2 「江戸幕府と政治の安定」での短冊

学習計画を立てる際は、調べることを学級全体で考えることが多くなります。そのような中で、一人ひとりが学習問題についての予想を出し合い、「どのようなことを調べるとよいか」ということを短冊（やノート）に書く場面を設けます。こうすることで「学習の見通しをもてているか」を評価することができるようになります。

Point 4 学習したことを生かしてよりよい社会を考える場面を設ける

ここでは、第6学年「戦争と人々の暮らし」単元をもとに、「よりよい社会を考え学習したことを社会生活に生かそうとしているか」に関わった評価方法について述べます。この単元では、第二次世界大戦のころの様子を学習し、終末段階で「これからも戦争をしないためにどうすべきか」という趣旨で一人ひとりが考えを書く場面を設けました（図3）。

ここでの「主体的に学習に取り組む態度」を評価する際は「学習したことをどのように生かそうとしているか」ということに着目しました。この段階での評価は、記録に残し評定の作成に用いるものでもあります。「戦争を知らない人たちにもこのころの日本がどのような状況だったのかを伝えたいと思います」という記述内容については、その単元で学習した「人々の生活の様子」を生かして考えようとしていることから、「おおむね満足できる」状況（B）と判断しました。

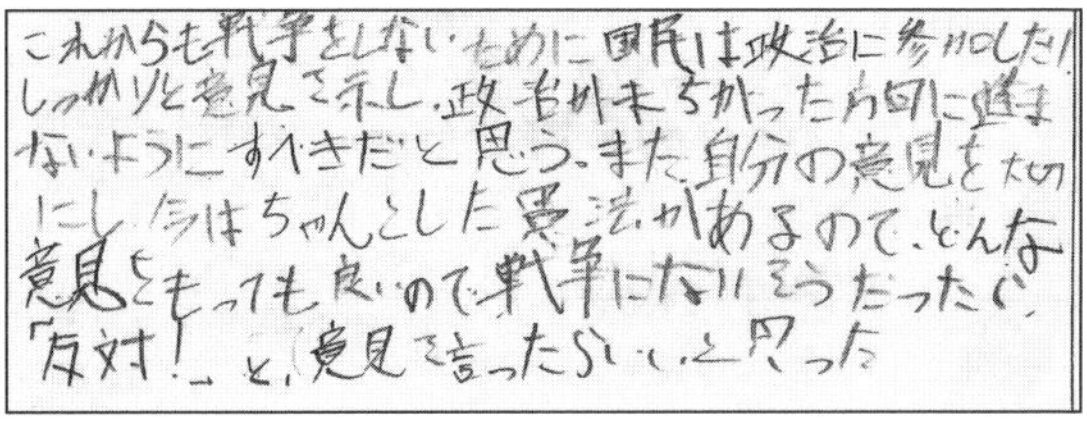
これからも戦争をしないために国民は政治に参加したりしっかりと意見を示し、政治がまちがった方向に進まないようにすべきだと思う。また、自分の意見を大切にし、今はちゃんとした憲法があるので、どんな意見をもっても良いので戦争になりそうだったら「反対！」と、意見を言ったらいいと思った

図3　「戦争と人々の暮らし」でのB児が記述した考え

また、図3のB児のように、「国民は政治に参加したりしっかりと意見を示し、政治がまちがった方向に進まないように（したり）すべきだと思う」という記述内容については、政治単元の学習を活用しつつ、当時の社会の仕組みに着目して考えようとしていることから、「十分満足できる」状況（A）と判断しました。

このように「よりよい社会を考える」場面を設定することに加え、「学習したことを生かす」という学習状況を教師が具体的に想定することが大切です。

教科別に
徹底解説!

子どものノートと「主体的に学習に取り組む態度」の評価

理 科

北海道教育大学旭川校
山中　謙司

Point 1 粘り強い取組を行おうとする様子を捉える

自然の事物・現象についての問題を自分事として捉え，観察，実験などを通して解決しようとしている行動の様子を見取るようにします。身近な経験や既習事項をふまえた未知の現象への問題意識をもとに，粘り強く問題を解決する様子を記述から捉えます。

Point 2 自ら学習を調整しようとする様子を捉える

他者と関わり，自分の考えや学習の進め方を振り返って見直そうとしている行動の様子やノートなどの記述を見取るようにします。子ども自身が学びの高まりを自覚したり，次の目標をもったりしている意識的な側面をノートの記録から捉えます。

Point 3 理科を学ぶ意義や有用性を認識しようとする様子を捉える

理科を学ぶ意義や有用性を子どもに感じさせるということは国際的に見ても課題となっています。学んだことを他の学習や生活につなげようとする様子を，行動の様子やノートなどの記述から見取るようにします。

Point 1 粘り強い取組を行おうとする様子を捉える

　ここでは、自然の事物・現象についての問題を自分事として捉え、観察、実験などを通して解決しようとしている行動の様子を見取るようにします。子どもは、これまでの生活経験や既習内容と照らし合わせ、説明や解釈のできない自然の事物・現象と出合うと、強い問題意識をもちます。このような問題意識を原動力として主体的に粘り強く問題を解決する子どもの行動の様子を捉えるようにしたいものです。

　香川県丸亀市立城西小学校福永拓海教諭による第四学年「雨水のゆくえと地面のようす」の実践では、赤玉土の粒の大きさによる水のしみ込み方の違いを調べる実験を行い、粒が大きいほどしみ込む速さが速いということを見つけていました。実験後の話し合いでは「それなら、ほかの土や砂でも、粒の大きさが大きいほど、水のしみ込む時間は速くなるのか」という問題を見いだし、身の回りにある様々な種類の土や砂を使って実験する様子が見られました。実験前の予想では、「粒が大きくなるほどしみ込む時間が速くなるはずだ」と予想した子どもが多い中で、多くの班の結果が予想と異なりました。ノートでは、赤玉土の粒の大きさを変えて実験した結果と、自分たちが持ってきた土や砂で実験した結果が異なったことから、「つぶの大きさはかんけいなさそう?」という考えを書いています。加えて、実験結果が予想と異なったことから、「ほかの土でやってみないとわからない」「しみこみ方になにかちがいがあって…」のように記述していることから、さらに実験して確かめたいという意欲や実験方法を見直そうとする意思的な側面を捉えることができます。同時に、その後の実験の様子では、土に流した水の最後の一滴までじっくりと見つめたり、時間を正確に測ろうと慎重にストップウォッチを扱おうとしたりする子どもの姿が見られました。

Point 2 自ら学習を調整しようとする様子を捉える

ここでは、他者と関わり、自分の考えや学習の進め方を振り返って見直そうとしている行動の様子やノートなどの記述を見取るようにします。振り返りは、子どもが自分の学びの高まりを自覚したり、次の学びでの目標をもったりすることで、次の学習を自ら調整しようとすることにつながります。このような意識的な側面をノートの記録から捉えたいものです。

香川県丸亀市立城西小学校大町修平教諭による第6学年「ものを燃やすはたらき」の実践では、他者の考えや他の班の実験結果を意識している様子がノート記録から見られました。「ろうそくの火が燃え続けるには、どうすればいいだろうか」という問題について実験や考察に取り組む中で、「物が燃えると集気びんの中の酸素がすべてなくなる」とした予想が実験によって確かめることができなかった際、他者の「酸素は火にふれないものもある」という考えを取り上げ、そのまま鵜呑みにするのではなく、「?・」を付して記述することができていました。また、自分たちの実験の結果だけではなく、他の班の実験結果を記録し、判断の根拠となる事実を他者との関わりの中で正確に捉えようとする意思的な側面を見取ることができます。

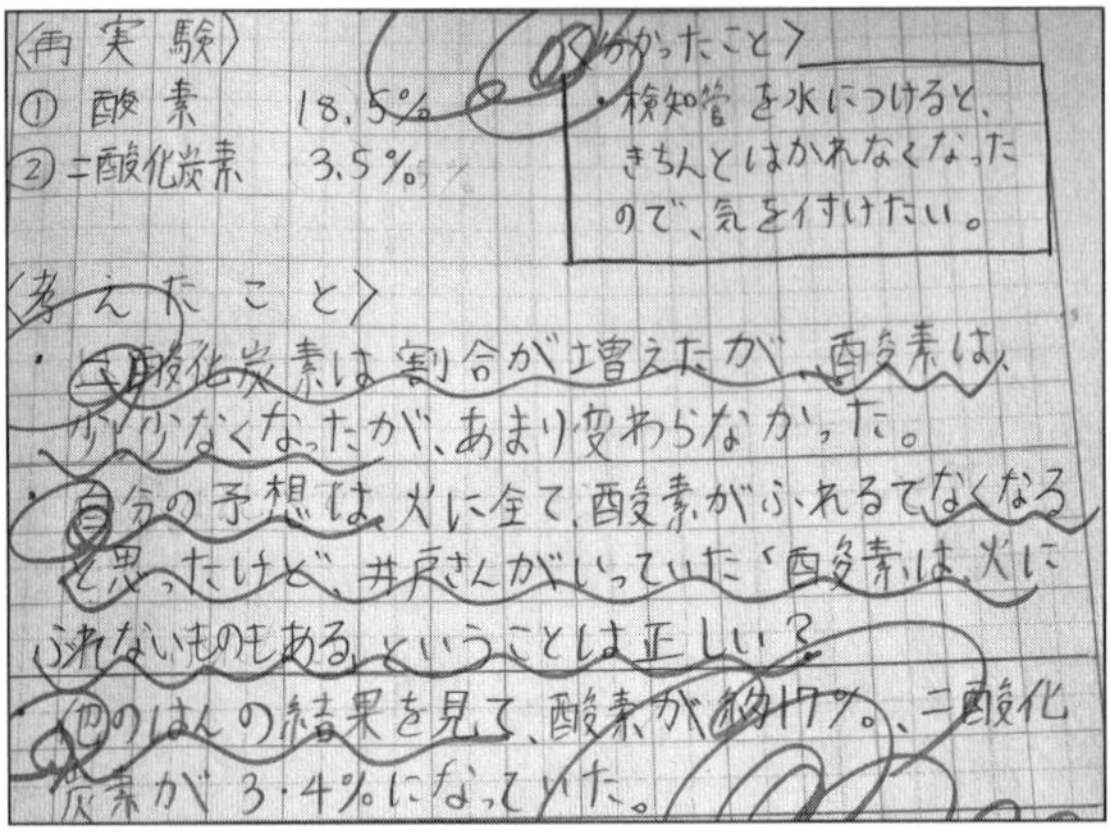
〈再実験〉
① 酸素 18.5%
② 二酸化炭素 3.5%
〈わかったこと〉
・検知管を水につけると、きちんとはかれなくなったので、気を付けたい。
〈考えたこと〉
・二酸化炭素は割合が増えたが、酸素は、少なくなったが、あまり変わらなかった。
・自分の予想は、火に全て、酸素がふれるてなくなると思ったけど、井戸さんがいっていた「酸素は、火にふれないものもある」ということは正しい?
・他のはんの結果を見て、酸素が約17%。二酸化炭素が3.4%になっていた。

北海道教育大学附属旭川小学校茂木佳衛教諭による第4学年「電流のはたらき」の実践では、一人ひとりに配付されたタブレットPCに自分の学びを振り返って入力する活動を位置づけていました。問題解決のまとまりごとに「何がわかったのか」「何ができるようになったのか」の視点から学習履歴として記録することで、学習を通して獲得した知識のみならず、自身の学び方を振り返ってその高まりを記述することができています。

どうせんを電池，モーターにつないでモーターカーを走らせるだけではなく，並列つなぎや直列つなぎなどいろいろなつなぎ方があることもわかりました。今回の学習でできるようになった学習の仕方は，他の人と考え方をより深く比較することです。そのおかげで前より発表や反応もできるようになりました。

前は，今までに習ったことを考えずに，予想を立てていたけれど今は予想を立てるときに，今まで習ったことを生かして考えたりできるようになった。そしてその予想がその後の学習で予想を立てるときに役立った！　だから，１つ１つの学習は大切だと思った。

Point 3 理科を学ぶ意義や有用性を認識しようとする様子を捉える

ここでは、学んだことを他の学習や生活につなげようとする様子をノートなどの記述から見取るようにします。ＴＩＭＳＳ２０１９（国際数学・理科教育動向調査）では、中学校２年生の回答ですが、「理科を勉強すると、日常生活に役立つ」という内容に肯定的に回答した生徒の割合が65パーセントと国際平均より約20パーセント低くなっています。理科を学ぶ意義や有用性の理解が課題です。

香川県丸亀市立城西小学校道下尚子教諭による第５学年「流れる水のはたらき」の実践では、長雨や集中豪雨がもたらす川の増水による自然災害に触れ、実生活で行われている防災の取組が理科で学習した内容と関係があることを捉えられるようにしています。授業では、雨の降り方によって流れる水の速さや量は変わり、増水により土地の様子が大きく変化する場合があるという学習をした後に、「今まで川を見たときには特に何も思わなかったけど、石の大きさや水の量を見るようになった」、「砂防ダムを見つけたときにはうれしかった。勉強したことが本当に身の回りでも生かされているんだなと思った」などの記述が見られました。

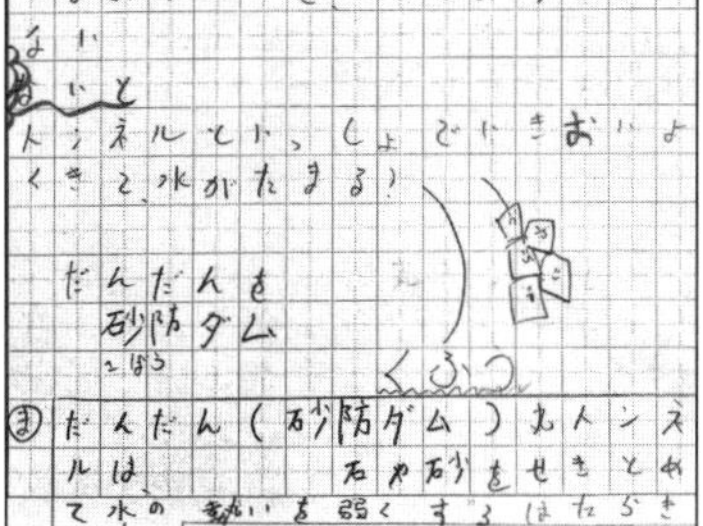

「子ども主体」の授業がうまくいかない理由とその改善策を考えよう

【全般】子どもにどこまで任せるかの基準が決まっていない

関西学院初等部　宗實　直樹

Case1 子どもに委ねすぎて何を学んだのかがわからない状態になってしまう

できるだけ子ども主体の授業にしたいと考えているのですが、何をどこまで子どもに任せてもいいのかがよくわかりません。また、子どもにすべてを任せてもいいのかという不安があります。

■何を委ねるのかを決める

まずは、何を子どもたちに委ねることができるのかをあげます。

・学習課題
・学習順序
・学習方法
・学ぶ場所
・学ぶ時間
・学ぶ相手

などが考えられます。ただ、いきなりこれらすべてを子どもたちに委ねることは難しいでしょう。

例えば「学習順序」を委ねて、子どもが選択できるようにします。次の図のようなイメージです。

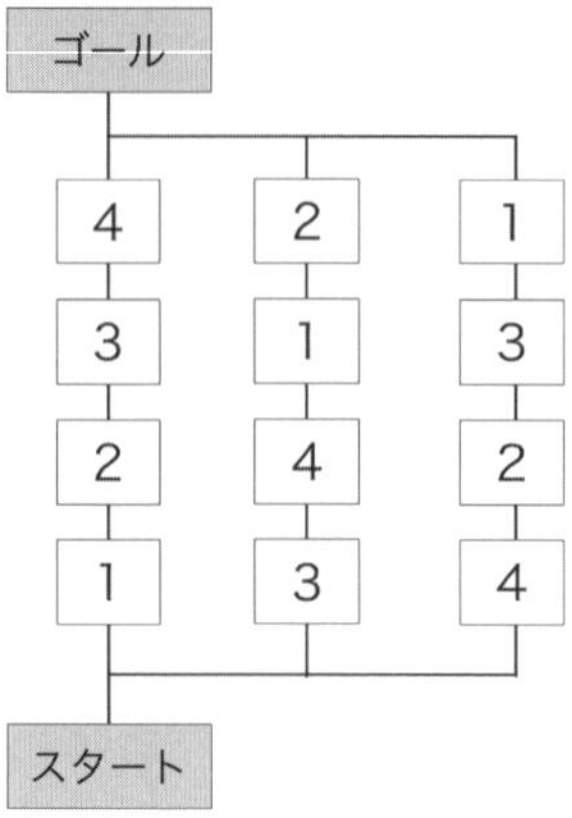

■段階的に指導する

一度にすべてを委ねるのではなく、まずは「学習順序」、次に「学習方法」、そして「学習課題」というように、少しずつ段階的に委ねていくようにします。

加藤幸次（1982）は、その段階として次の3つのモデルと6つのサブモデルを提案しています。

モデル	サブモデル	内容
順序選択学習	①コース選択 ②ランダム選択	①単元を構成する学習課題から構成される複数のコースから選択して学習する。 ②単元を構成する学習課題を自分の好きな順で学習する。
↓ 課題選択学習	①全体選択 ②部分選択	①教師が用意した複数の学習課題の中から選択して学習する。 ②複数の学習課題の中から一部の学習課題のみ選択して学習する。
↓ 課題設定学習	①単元内の課題 ②単元外・教科外の課題	①自分の興味・関心に応じて単元内で課題を決めて学習する。 ②自分の興味・関心に応じて単元外、もしくは教科外で課題を決めて学習する。

加藤幸次（1982）『個別化教育入門』p93.図II-1「個別化・個性化のためのモデル」を参考に筆者作成

ポイントは、子どもが「選ぶ」「決める」場面を教師が意図的につくることです。

子どもの興味・関心に応じて学ぶ授業では、最終的には学習内容も方法も、学習者である子どもたちに返すことが理想だと捉えておきます。

■明確に提示する

また、「できること」と「気をつけること」を明確に提示することも必要です。例えば、「できること」は、

・黒板に自由に書いてもいい
・タブレット端末を使って自由に調べてもいい
・席を離れて友だちと協力して学んでもいい
・困ったら先生に相談してもいい

などが考えられます。

「気をつけること」は、

・誰かと相談する際は、声のボリュームを調整する
・タブレット端末で動画を見るときはイヤホンをつける
・必ず〈ふり返り〉を書く

などです。これらを子どもに提示・説明することで、子どもはどこまで委ねられているのかが明確になり、学習しやすくなります。

【参考文献】
宗實直樹（2023）『社会科「個別最適な学び」授業デザイン』明治図書

「子ども主体」の授業がうまくいかない理由とその改善策を考えよう

【全般】なかなか子どもの学習意欲が高まらない

関西学院初等部　宗實　直樹

Case1 意欲的に学びを進める子どもの姿が見られない

子どもが意欲的に学ぶ様子を想定しているのですが、なかなか子ども自ら学ぶ姿が見られません。何をしたらいいのかわからず、学習に取りかかれない子がいます。

■ルールとリレーション

子どもの学習意欲が高まる時は、教室に「安心感」があるときです。

ルールづくりとリレーションづくり（親和的な交わり）が確立されると、子どもたちに安心感が生まれ、他者への思いやりが学級内で醸成されます。安心感が生まれると子どもは様々なことにチャレンジしようとします。

子どもの「やる気」、つまり「内発的学習意欲」の源は、「やればできる」という「有能感」と、「自分で決められる」という「自己決定感」、「あなたなら大丈夫」という「他者受容感」だと考えられます。

内発的学習意欲の発現プロセス

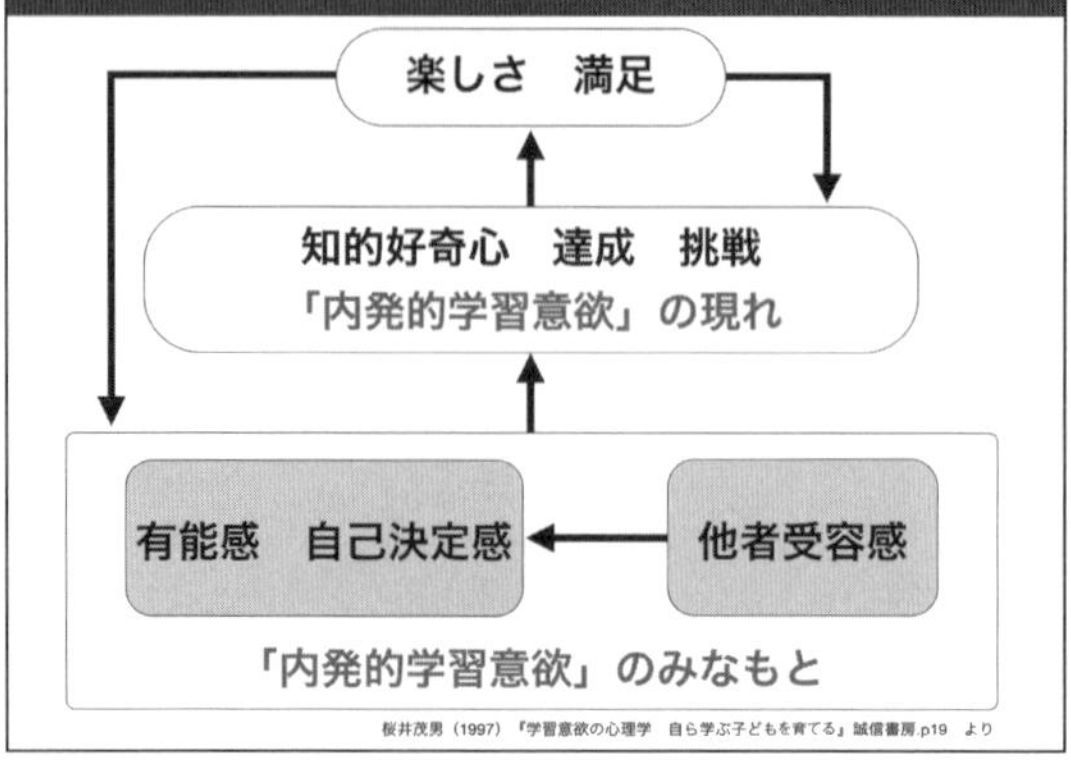

桜井茂男（1997）『学習意欲の心理学　自ら学ぶ子どもを育てる』誠信書房.p19　より

安心感をベースに、人から認められ、自分で決められる空間だからこそ子どもたちの学習意欲も高まります。

普段から教師は、子ども同士がふれ合い、お互いのよさが見える場づくりをしておく必要があります。安心感のある学級を前提とし、その上で、その子の学習意欲が高まらない理由を考えます。例えば、「学び方がわからないから」「1人で学ぶのが難しいから」などの理由が考えられます。

■学び方のスキルを育てる

子どもは自分の学び方を見つけると、意欲的に学びを進めるようになります。学び方のスキルが身についていない子は、どのように学びを進めたらいいのかわからず、学びが停滞します。

・インターネット検索の仕方
・教科書や資料集の比較の仕方
・思考ツールの使い方
・友だちとの対話の仕方
・ノートのまとめ方
・問いのもち方

などが考えられます。

学び方のスキルには個人差があります。教師が説明したり、子ども同士で教え合ったりしながらスキルを向上させるための時間を意図的にもつことも重要です。その際、活動や目的に合わせてスキルを身につける視点をもつことが重要です。

■協働的に学ぶ場を設定する

1人で学びを進めるのが難しい子であれば、協働的に学べる場をつくります。友だちから刺激を受けることで、学びのスイッチが入ることもあります。その際、この子とこの子は同じグループにした方がよさそうだという教師の意図的な働きかけも重要です。そのために、子どもの人間関係や学びの様子を日常的に見ておく必要があります。

■子どもを信じる

子どもたちに「任せる」と言いつつ、子どもが学習している途中でストップを多くかけてしまうことはないでしょうか。子どもは言葉には出しませんが「なーんだ、結局先生が進めるんだ」と思い、しらけてしまいます。子どもに任せると決めた以上は最後まで任せる覚悟が必要です。

子どもの学習意欲が高まらない時は、子どもたちの責任にするのではなく、課題の設定が適切ではなかったのか、学習環境づくりが適切ではなかったのかなど、教師側の責任として問い直すことが必要です。

「子ども主体」の授業がうまくいかない理由とその改善策を考えよう

【全般】子どもが学び取る学習内容が浅すぎる

関西学院初等部　宗實　直樹

Case1 子ども自身でなかなかねらいを達成することができない

子どもが学びを進めていますが、こちらがねらっている学習目標をなかなか達成できません。また、子どもの学習成果物を見ていても内容の浅いものにしかなっていません。

■教材理解を深める

子ども主体の授業では、教師の教材研究がより重要になってきます。その教材で何を学び取らせたいのか明確になればなるほど、子どもの向かっている学びの方向を見取りやすくなるからです。下図のように、単元のイメージマップをつくっておくだけで違います。

学習を進める中で、子どもの学びが大きく逸れる時は、教師が軌道修正することも必要です。その際、①その子にそのまま任せたほうがいいのか、②その子に直接促した方がいいのか、③他の子の考えを共有した方がいいのか、迷う時があります。教師の確かな教材理解があることで、その時の判断がしやすくなります。

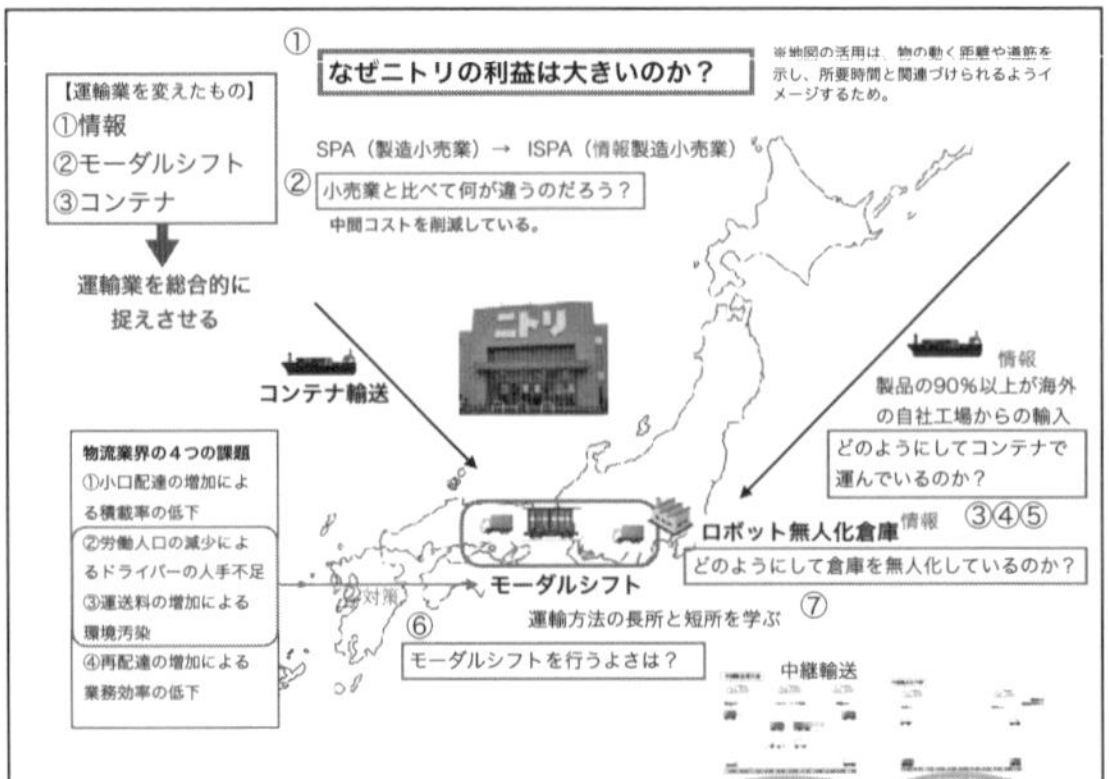

例えば、①のように、その子がその後に学習を進めるうちに自分で修正できそうな感じであれば、信じて待つようにします。

②のように子ども自らの修正が難しそうであれば、「なぜこんな工夫をしているのか考えた方がよくない？」「AとBを比較してみると何かがみえてくるかもしれないね」などと、直接その子に促します。

③のように多くの子に修正が必要だと判断した場合は、全体に声かけします。「○○さんが、とてもうまく共通点を探しているのだけど、どうすれば共通点が見つかりますか？」「○○さんが前に学習したことをうまく関連づけて考えていますよ」と1人の子の学びを全体に広げ、ポイントとなる観点を明確にするようにします。

教師はできるだけ子どもの学びを見守ります。しかし、学習内容を深めたいときはしっかり教師が働きかけるようにします。

■共有することで深める

子どもたちから「共有できるようにロイロの提出箱をつくってください」という提案をされたことがあります。人の考えと比べたり人の考えを取り入れたりしながら、自分の学びを深めようとする姿の表れです。その際、子どもたちがいかに共有の方法を知っているかということが重要です。共有の仕方は様々な形が考えられます。

例えば、

・学級全体で話し合う。
・グループで話し合う。
・ホワイトボードに書く。※下写真
・ノートを見せ合う。
・用紙（ポスターや新聞等）を貼る。
・チャットに書き込む。
・ロイロの回答共有機能を使う。

などが考えられます。このような共有の方法を確認し、共有の方法も子どもたちが選択できるようにします。

共有することで、子どもたちは新しい視点に気づき、自分の考えも深めることができます。

「子ども主体」の授業がうまくいかない理由とその改善策を考えよう

【学習課題・ねらい】一人ひとりに合った学習課題が設定されていない

神奈川県公立小学校　松下　崇

Case1 多くの子どもたちにとって、教師にやらされている活動になっている

授業の課題を子どもたちと確認し学習活動に入ろうとすると、一部の子どもたちは学習活動に取り組みますが、ほとんどの子どもたちの意欲はなく、教室には重苦しい雰囲気が漂っています。

教師が学習課題を提示し、「今日はこれをやりましょう」と呼びかけても、子どもたちの意欲がなければ、子どもたちが主体的に取り組むことは難しいでしょう。『知的好奇心』※によると、「授業の冒頭に、子どもに疑問、そして知的好奇心をおこさせるような操作」を行う方法として、以下の3つをあげています。

・子どものもつ信念から導かれる予想に反する現象を、教師が示す
・大雑把な、もしくは主要な法則のみを与え、これが定着したのち、それにあてはまらない事例の存在を示す
・子どものすでにもっている情報相互にずれのあることに気づかせる

1つ目は、理科を学習する際、単元の最初に子どもたちが驚くような実験を行い、子どもたちの学習への意欲を引き出すような方法が考えられます。例えば5年生で学習する「物の溶け方」では、水を入れた細長く透明な円筒形の容器を用意し、上から食塩を入れます。食塩は落下しながら見えなくなりますが、その過程でシュリーレン現象という、うねりのようなものが見られ、子どもたちの興味・関心は高まります。ここまで大掛かりなものは難しいかもしれませんが、授業の導入時

に国語科で取り扱うものを写真で見せたり、算数科の文章題を解く際、実物を用意したりすると、「いつもとは違う授業」の始め方に、子どもの興味・関心が引きつけられます。

一方で、毎回の授業に「予想に反する現象」を用意するのは理想ですが、現実は難しいでしょう。そこで2つ目の方法をとります。例えば算数科では、多くの学習が、既習事項を利用しながら、新しい知識や技能を獲得していく授業展開になっていくと思います。授業の冒頭で前時の学習内容を確認（主要な法則の確認）した後、本時の学習問題を提示します。提示した際、前時の学習課題とは何が違うのか全体の場で確認します。時折、「前時との違い」を全員が理解しているか確認していなかったり、教師が一方的に伝えてしまったりしている授業を見かけますが、そういった授業では子どもたちが主体的に解決しようとする意欲はもちにくくなります。丁寧に「前時と何が違うのか」確認し、全員が理解した後、それぞれで解決していく活動に入っていくようにします。

また3つ目のように、子どもたちが「なんとなく」もっている知識を集める中でそれらの考えが矛盾していることに気づかせる方法もあります。

主に理科や社会科で行うことが多い方法ですが、道徳科でも有効な方法です。例えば「親切、思いやり」について取り扱う際、下のような絵を見せながら、「落ち込んでいる人を見たとき、声をかけないのは思いやりか」尋ねます。そして、子どもたちの考えを聞きながら、「何かをしてあげること」と「何もしないこと」は矛盾する行為であることに気づかせると、何が「親切、思いやり」であるのか、子どもたちは確認したくなるでしょう。その後、読み物教材等で、「どのような考え方で接することが親切や思いやりになるのか」考えていくようにします。

Case2 全員が本時の課題を理解しているのに、子どもたちの手が止まっている

子どもたちと本時の課題を丁寧に確認し、全員の子どもが「解決したい」と思っているにもかかわらず、子ども

たち一人ひとりがいざ解決に向け学習活動に入ると、先ほどまでの盛り上がりとは打って変わり活動が停滞してしまうことがあります。

その時間で学習する内容を理解していても、解決の方法がわからなければ学習活動は停滞します。「学習課題」を確認する際、「解決までの道筋を見通すこと」も一緒に行う必要があります。

理科では、学級全体で同一の実験に取り組み課題を解決することが多く、学習課題や実験の手順、一人ひとりの考え等を丁寧に確認することが多いと思います。一方で、社会科等では、教科書や資料集、時にはパソコン等をそれぞれが選択して調べる中で、必要な情報を読み取り、考えを深めていくことがあります。一見、「必要な情報が載っていそうな資料を探す力」と「資料から必要な情報を読み取る力」は、まとめて捉えてしまいがちですが、子どもたちのつまずきを考えると、まったく別の力として捉える必要があります。年間を通してどの学習で、どの程度それらを育てるか考えておき、本時の学習課題を設定するとよいでしょう。

また、国語科や算数科では、手掛かりとなる知識や技能をうまく使いこなせない場合があります。そういった場合には、子どもたち同士で支援し合えるようにしておくとよいでしょう。そうすることで、課題解決の際、学習課題をうまく理解できなかった子どもは、そこまでさかのぼって確認することができます。子どもが支援し合えるようにするために、以下のようなルールを設定します。

・まず自分で考える。
・自分では解決が難しいと判断したら、座席を立たず、周囲の友だちに「今、話しかけていいか」尋ねる。
・話しかけられたら、「今、対応できるかどうか」こたえる。
・周囲の友だちに尋ねても解決できない場合、席を離れ友だちに話しかけてもよい。
・解答だけを教えるのではなく、解決方法も一緒に確認する。

上記のようにルールを設定することで、「友だちの考えをとりあえずノートに書いておけばいい」「仲のよい友だちと過ごし、その時間をやり過ごす」というような児童が現れないようにします。

このような方法は一度の活動で身につくものではありません。大きな画用紙等にルールを書き掲示し、繰り返し見られるようにするとよいでしょう。

Case3 学級に低学力の子どもが多く、学習課題を設定しても復習で終わってしまい、カリキュラムが進まない

授業をする際、それまでの系統性を踏まえて指導することがあります。なかなか学習が定着しにくい児童や時間が経つと学習した知識や技能のほとんどを忘れてしまう児童が多く存在する中で「それまでに学習している内容を知っているもの」として授業を進めようとすると、課題の解決には向かわず、授業が混乱します。途中でそのことに気がつき、それまでに身につけておいてほしい学習内容を確認すると、それだけでその時間は終わってしまい、その授業で新しく学習する内容を取り扱うことができない状況になります。

学習内容が定着しづらい児童が多くいる学級では、学習課題を確認した後、身についている知識や技能を使いこなしながら解決しようとする以前に、解決に必要な知識や技能をすっかり忘れてしまっている児童が多くいます。

単元の最初にまず、それまで学習した内容の中で、その単元に必要な知識や技能を確認する時間をとります。確認した内容は、模造紙や画用紙にまとめ、学級内に掲示しておくとよいでしょう。さらに授業の最初、5分間は簡単な練習問題を解き、繰り返し定着を図ります。

例えば、5年生の算数科で「平面図形の面積」を求める際には、以下の内容を確認します。

・正方形や長方形、平行四辺形、ひし形、台形の性質
・正方形や長方形の面積の求め方（正方形や長方形では、辺にそって単位正方形が規則正しく並んでいるので、乗法を用いると、その個数を手際よく求めることができること）
・長方形や正方形を組み合わせた図形（L字型や凹字、凸字型等）の面積の求め方

それらを踏まえた上でないと、平行四辺形や三角形、ひし形や台形等の面積の求め方を考えることは難しいでしょう。

算数科以外の他の教科でも、同様の方法で確認することが可能です。確認する際、クイズ形式で出題したり、グループで話し合いながら解答を考えたりすると、子どもたちは楽しく確認することができるでしょう。

【参考文献】
※波多野誼余夫・稲垣佳世子（1973）『知的好奇心』中公新書

「子ども主体」の授業がうまくいかない理由とその改善策を考えよう

【授業準備】子どもに任せることで時間配分がよみにくくなってしまう

成城学園初等学校　秋山　貴俊

Case1 子どもに任せることで時間配分がよみにくくなる

自由進度学習や話し合いを中心とした授業など「子ども主体」の授業にチャレンジしたいのですが、配当時間内に収まるか不安です。他のクラスとの足並みもあるので、うちのクラスだけ大幅に配当時間を増やすこともできません。

「子ども主体」の授業の失敗としてよくあるのが、配当時間を大幅に超えてしまうことです。配当時間が5時間にもかかわらず、話し合い活動が盛り上がり8時間使ってしまった。自由進度学習にチャレンジしたが、全体のペースがゆっくりで配当時間内に終わらなかったという悩みはよく耳にします。かくいう私も、そんな失敗を繰り返している1人です。

■配当時間は守る

そんな失敗ばかりの私ですが、配当時間は守るようにしています。

なぜなら、学期の途中で授業のスピードをあげて帳尻を合わせたら、誰のための授業だかわかりませんし、「子ども主体」であるならば途中から倍速で授業なんてことは不可能だからです。

配当時間は、基本的に子どもが変更できないものです。なので、単元の最初の授業で「5回の授業でこんなことを学習しよう」など配当時間を伝えることもあります。

■逆算で単元をつくろう

配当時間を守るために、私が大切にしていることは単元のゴールイメージをしっかりともつことです。学習指導要領や指導書の単元の目標をもとに、単元のまとめで子どもがこんなまとめを書いたら、こんな学習感想を発表したら、授業終了後にこんなつぶやきがあったらなどと可能な限り具体的なゴールイメージをもつようにしています。このイメージがどれだけ具体的かが、「子ども主体」の授業を成功に導く1つの指標になると思っています。

単元は、このゴールイメージから逆算してつくります。ここでのポイントは、単元構想段階では、毎時間の目標や「めあて」は、ゆるめに決めることです。気持ちの問題ですが、ここで毎時間しっかり決めてしまう先生のなかには、子どもの活動が自分が定めた本時の目標とずれだしたときに、強引に引き戻してしまったり、頭が真っ白になり思考が停止する方もいます。

私は、単元のゴールイメージから大きくずれなければ、なるべく子どもに任せるようにしています。ただし、配当時間は守らなければならないので、少ししか前進できなかった授業の後は、子どもたちの活動に介入したり、自宅で取り組む課題を出したりすることもあります。

■単元は終わっても学びは終わらない

もう1つ大切にしていることは、配当時間はあくまで配当時間であることを自覚することです。配当時間は、極端な言い方をすれば、教員側の都合で決めた学習時間です。教科の1年間の総時数を各単元に振り分けたものです。

学習者の立場に立てば、その配当時間が適切な子もいれば、多すぎる子、足りない子もいます。「もっとゆっくり考えたかった」、「まだモヤモヤしている」、「他のやり方も試してみたかった」と物足りなさを感じている子もいるはずです。

単元の学習が終わっても、学び続けたい子、まだ学びが続いている子がいます。こういう子たちの学びを保障し、寄り添うことも「子ども主体」の授業ではとても大切なことだと思っています。

実際に、自主学習ノートなどで、すでに終わった社会科の単元の学習問題についてさらに調べて意見をまとめたり、算数で発展的な問題をつくって解いてきたりする子などがいます。

単元の終わりが子どもたちの学びの終わりではありません。

なので、私は単元後のこのような学習も可能な限り評価に入れています。これについては、様々な事情が介入するため慎重にならなければいけませんが、自らの時間を使ってさらに学んだ成果は評価されるべきと考えています。なぜならば、これらも主体的な学びに他ならないからです。

「子ども主体」の授業がうまくいかない理由とその改善策を考えよう

【発問・指示】発問が子どもの考えたい「問い」になっていない

筑波大学附属小学校　田中　英海

Case1 教師の発問が子どもの「問い」になっていない

教師の発問が、子どもの疑問や問いと一致すれば、意欲的に問題解決していきます。一方、問うべきことを問うことも教師の役割です。子どもの主体性を止めて、考えさせたいことを問うことがあり、悩んでしまいます。

子ども主体の授業を支える発問・指示は、教師が一方的に投げかけるものではありません。よい発問や指示は、子どもの情意面に働きかけるものといえます。

(1) 既習や他者とのズレを感じさせる

子ども自身が、これまでの学習や経験とのズレや、友だちの考えとのズレを感じた時、違和感を覚え、それが疑問や問いへと変わっていきます。教師は、教材や活動に、ズレを仕組むことが大切です。そして、疑問や問いが生まれた際に、教科のねらいに向かう課題として焦点化したり、一部の子どもがもった気づきを共有したりするために発問します。子どものやりたいという意欲を引き出し、学習活動の見通しをもたせることができれば、それはよい発問や指示といえるでしょう。

算数であれば、ふつう問題を先に提示します。そのため、はじめのうち、子どもは受け身かもしれません。既習事項との違いを明らかにすることで、問題解決のための疑問や問いを引き出し、主となる発問をしたり、子どもとめあてをつくったりします。これらをいつも同じ形式にしてしまっては、子ども主体の授業にはなりません。

子どもが、今日の学習で何を明らかにしたいか、情意面に着目することが大切です。

(2)発問のタイミングを探る

「計算練習だよ」と下のような7をかけていく計算を1つずつ提示しました。授業の前に、教師が用意していた発問は、「7を100回かけた時の答えの1の位は?」でした。はじめからこの問いを投げかけたら、「無理だよ」「めんどくさい」など、後ろ向きな気持ちをもつ子が出てしまうかもしれないと考えました。教師の発問が、子どもの思いや問いと一致しないと、問題解決が「子ども主体」に変わっていきません。この授業では、計算の答えの数字に着目する姿を引き出し、全体にどう広げるかが鍵になります。そのタイミングで、先の発問をしようと考えました。

①から③くらいまでは、簡単と言っていた子からも、「計算が大変」という声が聞こえてきました。③の計算では、49×49として筆算する子もいれば、343×7として筆算する子もいました。

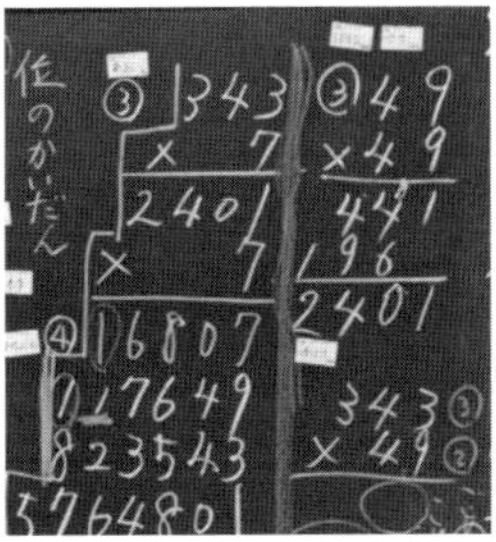

① 7 × 7 ＝49
② 7 × 7 × 7 ＝343
③ 7 × 7 × 7 × 7 ＝2401
④ 7 × 7 × 7 × 7 × 7 ＝16807
⑤ 7 × 7 × 7 × 7 × 7 × 7 ＝117649
⑥ 7 × 7 × 7 × 7 × 7 × 7 × 7 ＝823543

(3)着眼点や発想を問い返し、よさを探る

2つの方法に対して、「どうしてこの筆算にしたんだろうね」と問い返しました。「7を2個ずつまとめたんだと思う」「1つ前の答えに7をかけたんじゃない?」と着眼点を予想した話し合いになりました。さらに、「かける1桁の方がこれからが楽だと思う」「これなら続けて筆算を書けるね」と考えのよさが出てきました。解決の途中でも、着眼点やよさに気づけば、よい方法を試してみたくなります。

(4)子どもの気づき、疑問を育む

しばらく計算していると、「面白いことに気づいた!」と答えの数の規則に目を向ける子が出てきました。

「一の位を見ると」というつぶやきを止めました。一の位と聞いた子どもが考えたり、試したりする時間が話し

合いを深めるために必要だからです。「今、何て言おうとしていた？　うんうん。一の位って言っていたね。『一の位に何かある？』のかな？」と板書をして、着眼点を共有しました。すると、「一の位は9,3,1,7,9,3…？」と多くの子が見つけた答えの数の変化をノートに書き出し始めました。

着眼点をもとに、友だちの発見を追体験できると、ただ聞く受け身ではなく、多くの子が主体的になっていけます。

さらに「十の位は…」と言ったところで止めて、「この後、どんなことを話すと思う？」とペアで話し合う時間を取りました。そして、先に発表した子が「4,4,0,0,4,4,0,0…になりました」「〇〇くんと、同じことに気づけた？」と確認をしていきます。ここまでくると、子どもたちは百の位に目をつけ始めます。「百の位は同じようにならなかった」と位に着目する見方を生かし、規則があるかないかをどんどん探っていきました。

(5) 主発問が、最初とは限らない

用意していた発問を言わないまま、授業の後半を迎えました。答えの位の数の規則性を楽しんでいた子どもたちに、「7を100回かけた時の〝答え〟を聞こうと思っていたんだよ」と用意した発問を少し変えて伝えました。すると、「答えは無理だけど、答えの一の位だけはわかる！」と発言がされました。教師から〝一の位〟と言わなくても、子どもは位に着目した問いに変えていきました。「いや、十の位と一の位でもわかるよ」と発見した規則性から、解決可能な問題を設定しました。さらに、「他の数でも同じように周期があるのかな？」と数を変えてかけ算を考えるなど主体的に追究する姿が生まれました。

この事例において、先に主発問をすることで、「100回かけた数を求めるには何か手掛かりはないかな？」と規則性を探そうとする姿を期待することもできるでしょう。この授業は、夏休み明けの1回目でした。始めは簡単な計算を全員「できた」となるよう一歩ずつ進んでいくことや、友だちの発見を自分のこととして楽しむ学び方に主眼を置きました。教師のねらいや子ども

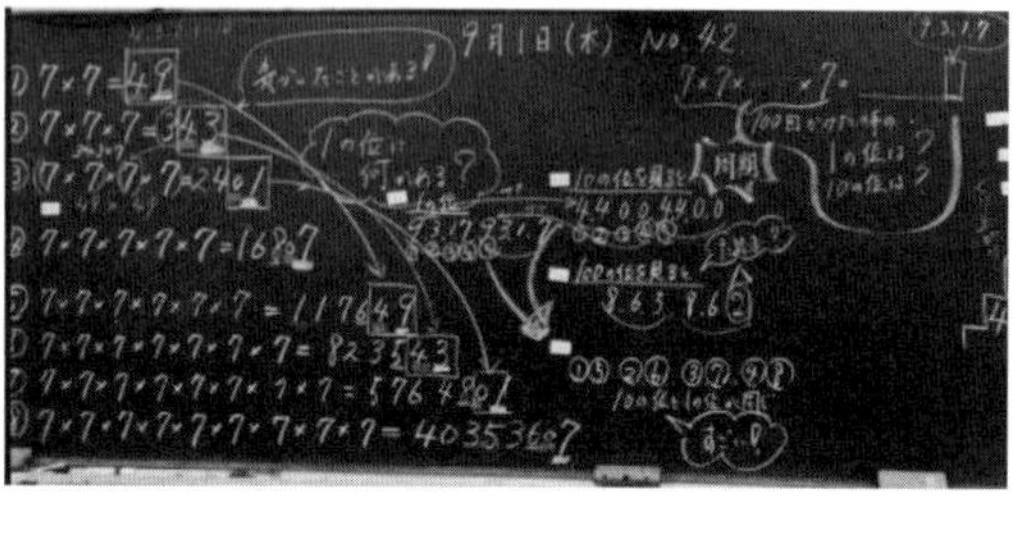

たちの様子を見ながら、発問とタイミングを探ることで、子どもの問いと教師の発問を近づけることができると思います。

Case2 教科特有の見方・考え方を引き出す発問になっていない

見方・考え方を働かせている子もいますが、無意識に解決している子がいます。

見方・考え方は、子どもたちがもっているものです。無意識に働かせていることも多くあるため、教師が発問で引き出したり、価値づけたりすることが必要になります。

(1)困っていることを言語化させる

「何に困っているんだろう?」「困っている気持ちがわかるかな?」という発問は、既習事項や経験との違いを明らかにし、それを乗り越えるための見通しや、見方・考え方を引き出すことができる発問です。

2年生に箱の形(立方体や直方体の箱)をつくった後で、筒の箱をつくる問題を提示しました。「難しそう」という子どもに対して、「何が難しそう?困りそうなことある?」と問い返しました。すると、「直角がない」「面を分けて写し取れない」「どこからどこまでが面?」と発言しました。

わかった子の発言は、根拠や理由を説明していたとしても、わかっていない子にとっては、そのよさや見方・考え方をつかむことは簡単ではありません。うまくいかないこと、困っていることは共感しやすく、困難さを乗り越える際や試行錯誤の中から、見方・考え方が顕在化してきています。

自力解決では、筒を切り開いたり、印をつけて転がしたりして面を写し取りました。曲がった側面が、長方形であることを子どもは面白がっていました。観察や操作の中で、立体と平面を行き来する見方や考え方で、困難を解決していきました。

(2)発問から問い方を学べるように

一斉授業の中での発問は、自立的に学ぶ際の、問い方、学び方が土台となります。子どもが問いをもったり、友だち同士で問いを投げかけたりするようになるには、問題解決の困難さに向き合うことが必要になります。そして、素直なつぶやきや質問を価値づけながら、問いを板書したり、ノートに書かせたりしていく指導も大切になるでしょう。子ども自身が問いをもつ、子ども主体な授業の土台は、一斉授業の中での問い方であるという視点をもって、発問を精選していければと思います。

【振り返り】振り返りができない子どもがいる

立命館中学校・高等学校　宍戸　寛昌

Case1 「学びを振り返ろう」と声をかけても、動き出さない子どもがいる

自分自身とじっくり向き合って「こんなことができるようになった」「あれがまだできていないな」と自分から学びを振り返る子どもっていいですよね。でも振り返りの時間が終わる頃になっても一文字も書けておらず、首を捻るだけのあの子。「自分なりに書いてごらん」「何でも良いんだよ」と声をかけるのですが、やっぱり困った顔のまま。なぜ自主的に振り返りをすることができないのでしょう…。

このお子さんは、振り返りの方法を知らないために書けないと予想します。とかくわれわれ教師は、「感想」とか「振り返り」とか子どもの感情が表出しそうな場面になると、手を出さないようにする傾向があります。子どもの「生の感情」を引き出したいが故に、主体性に任せてしまうのですね。ところが子どもの側からすると、何をどう書けばよいのかわからないので手が止まるのです。とりあえず「面白かった」「もっとがんばればよかった」と素直に書くと、先生が物足りない顔をします。だったら最初から「こういう振り返りを期待します」と答えを教えてくれれば楽なのに、という気持ちになっているのでしょう。

ですから、振り返りも言語活動の1つであり、方法は指導しなければならないという意識を、教師がまずもたなければ状況は改善しません。では、振り返りとは何をどうすることなのか。わたしは次のような図で説明していきます。具体的な項目を示した上で、子どもの主体的な振り返りを促しましょう。

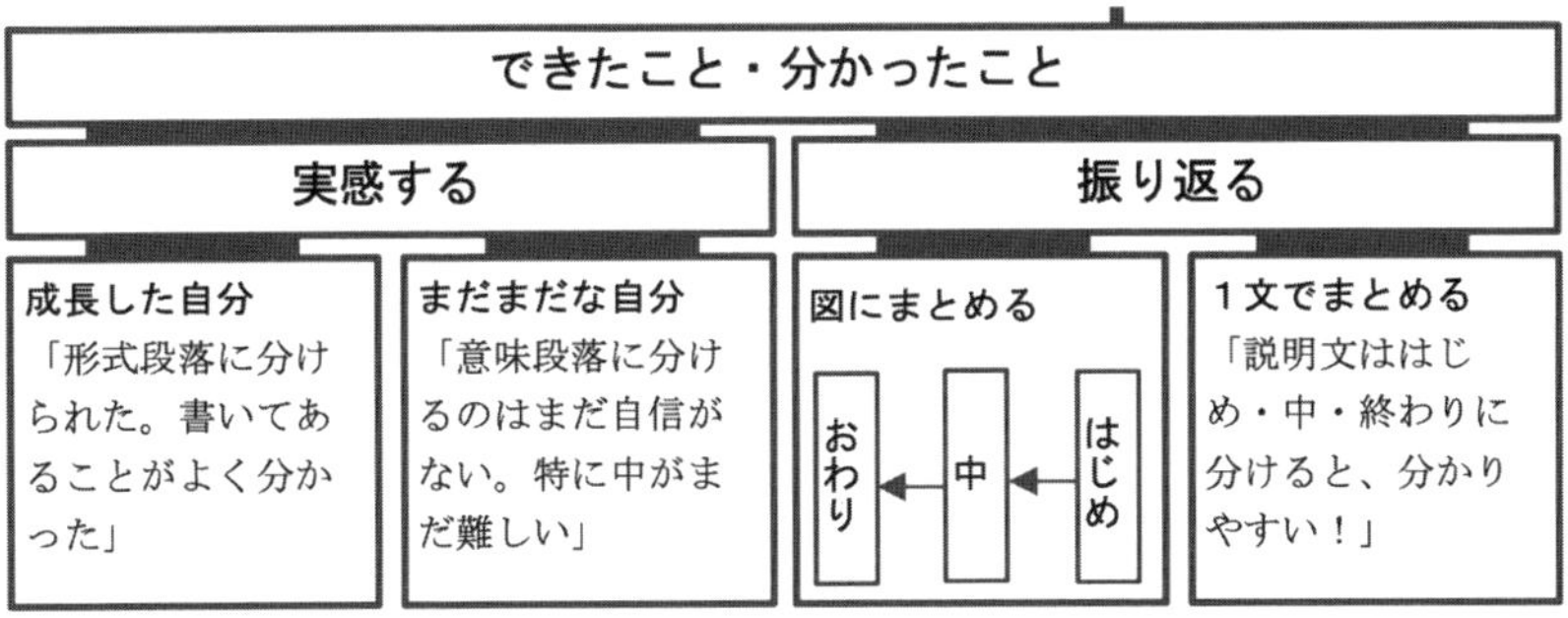
できたこと・分かったこと
実感する
振り返る
成長した自分
「形式段落に分けられた。書いてあることがよく分かった」
まだまだな自分
「意味段落に分けるのはまだ自信がない。特に中がまだ難しい」
図にまとめる
はじめ
中
おわり
1文でまとめる
「説明文ははじめ・中・終わりに分けると、分かりやすい！」

Case2 「学びを振り返ろう」と声をかけても、一言二言書いて終わる子どもがいる

テストではいつも高得点を取るあの子。授業中も発言こそしませんが、丁寧にノートを書き、人の話をちゃんと聞いている「良い子」です。でもなぜか振り返りの時だけ異常にあっさりと終わります。一行か二行だけ書いて手を止めているのです。「もう少し書いて」「こんなことも書いてみたら？」と声をかけると少しだけつけ足すのですが。なぜ振り返りの時だけ意欲が湧かないのでしょうか…。

この場合は振り返りを行う意義を見出せていないのでしょう。振り返りを、子どもの「学びに向かう力」を評価し、授業改善に活かすという教師側のメリットからのみ進めたのでは、子どもは「何のためにやるの？」と思うため、主体性を発揮できないのは当然です。

振り返りが次の学びに活きる実感を子どもにもたせるため、教師は「のりしろ」という見方を意識しなければなりません。例えば3年生の10月に「ちいちゃんのかげおくり」を読む子どもは、6月に「まいごのかぎ」を読んでいます。その時の振り返りで得た読解の面白さやコツをきちんとノートにまとめていたならば、次単元の導入時に見直すことで、学びが0から始まるわけではないことに気づいていきます。このような単元と単元をつなぐ「のりしろ」を意識した授業を継続して行えば、子どもは振り返りで成長を実感するために学ぼうとするでしょう。主体性が何の布石も打たずに自然と生まれるものだと考えてはなりません。

【執筆者一覧】

尾﨑　正彦（関西大学初等部）
宇野　弘恵（北海道公立小学校）
加固希支男（東京学芸大学附属小金井小学校）
若松　俊介（京都教育大学附属桃山小学校）
玉置　　崇（岐阜聖徳学園大学）
林　大志郎（兵庫県姫路市立菅野中学校）
浦元　　康（鹿児島県公立小学校）
樋口　綾香（大阪府池田市立神田小学校）
的場　功基（岡山県倉敷市立倉敷西小学校）
有松　浩司（広島県竹原市立忠海学園）
難波　　駿（北海道札幌市公立小学校）
松﨑　大輔（新潟県三条市立第二中学校）
瀧ヶ平悠史（Education Forward 24 ㈱）
永田美奈子（雙葉小学校）
横田　富信（東京都世田谷区立代沢小学校）
前田　健太（慶應義塾横浜初等部）
柳沼　孝一（立命館小学校）
東口　貴彰（関西大学初等部）
宍戸　寛昌（立命館中学校・高等学校）
田中　博之（早稲田大学）
渡部　雅憲（福島県須賀川市立第一小学校）
増本　敦子（東京都杉並区立杉並第七小学校）
山中　謙司（北海道教育大学旭川校）
宗實　直樹（関西学院初等部）
松下　　崇（神奈川県公立小学校）
秋山　貴俊（成城学園初等学校）
田中　英海（筑波大学附属小学校）